Redaktion
Anna Jackson

V&A Einhundert Glanzstücke

V&A

Zum Geleit

Museen sammeln, bewahren und stellen Kunstwerke mit dem Ziel aus, ihre Besucher zu informieren, weiterzubilden und zu erfreuen. Die grossen Museen dieser Welt halten daher ein riesiges Angebot bereit. Zu diesen Museen gehört auch das Victoria and Albert Museum (V&A). Unsere Sammlungen sind so umfangreich und vielfältig, dass der ahnungslose Besucher Gefahr läuft, sich in der enormen Ansammlung von Objekten aus vielen Kulturen und Epochen zu verirren. Dieser Führer soll Ihnen helfen, sich in den Galerien zurechtzufinden und beschreibt einige wichtige Stücke aus jeder Sammlung.

Die Idee für das Victoria and Albert Museum entsprang dem kulturellen Idealismus der Mitte des 19. Jahrhunderts. Für einige war Grossbritannien zu dieser Zeit ein Land unermesslichen Reichtums, für viele allerdings ein Land drückender Armut. Politische Stabilität und der Status einer Weltmacht veranlassten die Spitze der Gesellschaft zu glauben, dass das Leben jedes Individuums durch Erziehung und Vorbild ständig verbessert werden kann. Nach jahrelanger Debatte wurde das Museum schliesslich 1852, im Anschluss an den riesigen Erfolg der Weltausstellung vom Jahr zuvor, gegründet. Man verwendete den Ertrag aus der Ausstellung für diese neue Einrichtung und erwarb Ausstellungsstücke für die Sammlungen. Henry Cole, einer der Initiatoren der Ausstellung von 1851, wurde der erste Direktor. Das 'Museum of Manufactures', wie es zuerst genannt wurde, wollte Kunstwerke für jedermann zugänglich machen, zur Inspiration und Bildung der arbeitenden Bevölkerung, der britischen Designer und Hersteller. Das Museum, zuerst im Marlborough House in der Nähe des Buckingham Palasts, zog jedoch 1857 an seinen jetzigen Standort um und wurde in 'South Kensington Museum' umbenannt. Unter dem ersten Sammlungsleiter, John Charles Robinson, stieg die Zahl der Ausstellungsstücke schnell an. Mit seinem enormen Wissen begann Robinson die besten Beispiele dekorativer Kunst aller Epochen, sowie Gemälde, Zeichnungen, Graphik und Skulpturen, was damals zu den Höheren Künsten zählte, zu erwerben. Sein Ziel war es, die Geschichte der Kunst und des Design in breitem Umfang zu veranschaulichen.

Auch das Museum wurde immer grösser, freilich auf etwas willkürliche Weise; man errichtete je nach Bedarf neue Gebäude. Viele dieser Bauten mit Eisenkonstruktionen und Glasdächern waren als vorübergehende Ausstellungshallen gedacht; anschliessend jedoch weiterhin genutzt, gelten sie heute als beste Beispiele viktorianischer Baukunst in Grossbritannien.

1899 legte Königin Victoria den Grundstein für ein neues Gebäude mit grossartiger Fassade und dem Haupteingang des Museums. Anlässlich dieses Ereignisses wurde das Museum in Erinnerung an das grosse Engagement des Prinzgemahls Albert für diese Institution in das 'Victoria and Albert Museum' umbenannt. Das unter dem Architekten Aston Webb errichtete Gebäude wurde 1909 eröffnet und bildet heute das so vertraute Äussere des Museums.

Die Sammlungen wurden in diesem Jahrhundert ständig erweitert, so dass das V&A zum weltweit grössten Museum dekorativer Künste wurde. Die unglaublichen Sammlungen von Keramik, Glas, Textilien, Kostümen, Silber, Eisenarbeiten, Schmuck, Möbeln, Skulpturen, Gemälden, Graphik und Fotografien stammen aus den Kulturbereichen Europas, Nordamerikas, Asiens und Nordafrikas und reichen vom Altertum bis in die heutige Zeit.

Die anfänglichen Gründe für die Errichtung des Museums in der viktorianischen Zeit haben auch heute noch ihre Gültigkeit. Auf Ihrem Weg durch das Museum begegnen Sie wahrscheinlich Gruppen von Studenten, die besondere Aspekte des Designs studieren oder in den Galerien skizzieren. Hinter den Kulissen sind hunderte von Experten tätig, wie z. B. Kustoden, Restaurateure, Forscher und Museumspädagogen, alle darum bemüht, Erkenntnisse über die Sammlungen zu vertiefen und mitzuteilen. Wir arbeiten eng mit Universitäten, Einrichtungen der Erwachsenenbildung und Instituten im In- und Ausland zusammen, um Verständnis und Wertschätzung für die dekorativen Künste der Welt zu fördern. Ich bin sicher, dass Prinzgemahl Albert und Henry Cole höchst erfreut sein würden, dass das von ihnen gegründete Museum nach ihren Prinzipien und Intentionen weitergeführt wird.

Für unsere Besucher ist das V&A eine wahre Schatzkammer, reich an erstaunlichen und schönen Objekten. Dieser Führer soll Ihnen helfen, einige dieser Schätze zu entdecken und gleichzeitig ein Andenken dieser einzigartigen Einrichtung sein. Ich freue mich, Sie hier begrüssen zu dürfen, doch sollte Ihnen sogleich auch eine freundliche Warnung mit auf den Weg geben: Dem Zauber des V&A können sich nur wenige entziehen, und wenn Sie einmal hier waren, werden Sie stets wiederkommen wollen, um noch mehr zu sehen. Es gibt wohl kaum einen Bann, der reizvoller und zufriedenstellender sein könnte.

ALAN BORG
Direktor

Über diesen Führer

Das V&A ist eines der grössten Museen der Welt mit einer Gesamtlänge der Ausstellungsräume von über 11 km. Dieser Führer soll Ihnen eine Kostprobe der erstaunlichen Vielfalt unserer Ausstellungsstücke geben. Im folgenden möchten wir Ihnen die 100 bedeutendsten und spektakulärsten Objekte vorstellen.

Die Sammlungen des V&A sind in drei Kategorien von Galerien aufgeteilt. Die europäische Galerie und die Galerie des 20. Jahrhunderts wollen die visuelle Beziehung zwischen Objekten verschiedener Materialien aus dem gleichen Land, Kulturkreis oder einer Epoche aufzeigen. Andere, wie z.B. die Glas- oder die Silbergalerie, präsentieren Stücke eines bestimmten Materials und demonstrieren dessen Entwicklung von Form, Funktion und Technik. Einige Galerien allerdings konzentrieren sich auf eine Gruppe besonders wichtiger Kunstwerke, wie z.B. auf die Entwürfe Raphaels für die Wandteppiche der Sixtinischen Kapelle oder auf die burgundischen Wandteppiche aus Devonshire.

Dieses Buch will Sie durch die Galerien führen und Sie mit einigen der wunderbaren Ausstellungsstücke bekanntmachen. Das Museum ist sehr gross, versuchen Sie allerdings nicht alles bei Ihrem ersten Besuch ansehen zu wollen. Wir schlagen vor, dass Sie aus dem **Plan** (S.4-5) auswählen, was Sie am liebsten sehen wollen oder die nachfolgenden Seiten durchblättern, bis etwas Ihr Interesse erweckt.

Das Museum ist ständig um Verbesserung seiner Aufstellungen und Einrichtungen bemüht, weshalb mitunter die eine oder andere Galerie geschlossen sein kann. Lichtempfindliche Objekte dürfen nicht über lange Zeit hinaus ausgestellt werden und werden deshalb öfter ausgetauscht. Ausserdem werden Objekte zur Restaurierung entfernt oder zu Ausstellungen an andere Museen ausgeliehen. Leider ist es daher möglich, dass Sie bestimmte in diesem Führer dargestellte Gegenstände zum Zeitpunkt Ihres Besuches nicht vorfinden. Wir hoffen aber, dass Ihnen die aufregenden Alternativen über Ihre Enttäuschung hinweghelfen.

Dieser Plan soll Ihnen helfen, sich zurechtzufinden. Das Hauptgebäude des Museums erstreckt sich über vier Stockwerke, der Henry-Cole-Flügel über sechs. In den Galerien sind grosse farbig abgestimmte Banner aufgehängt: rote Banner führen Sie nach Norden, gelbe nach Osten, grüne nach Süden und blaue nach Westen.

Genaue Pläne, inklusive aller Einrichtungen, erhalten Sie an den Informationsständen. Sollten Sie in irgendeiner Weise und zu irgendeinem Zeitpunkt Hilfe benötigen, wenden Sie sich bitte an das Museumspersonal.

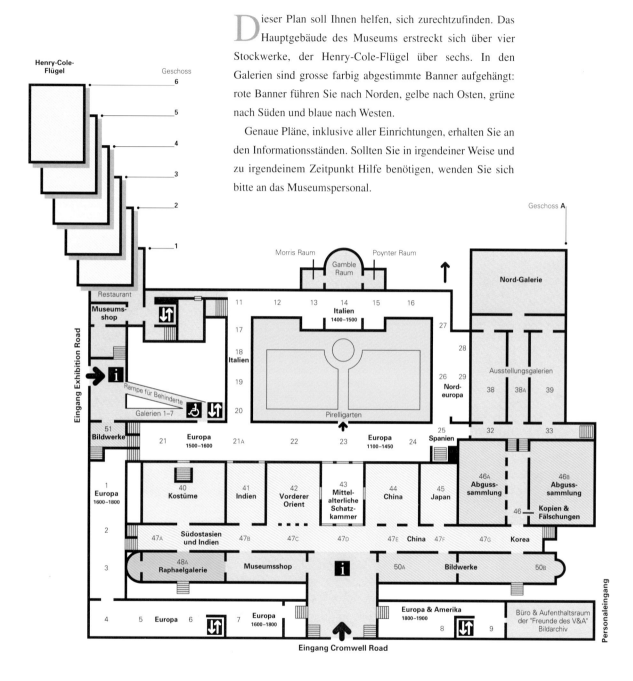

Europäische Galerien	Geschoss A	S.6
Galerien der Skulptur- und Abgusssammlungen	Geschoss A	S.24
Asiatische Galerien und Galerien des Vorderen Orient	Geschoss A	S.26
Raphael-Galerie	Geschoss A	S.44
Kostümgalerie	Geschoss A	S.45
Britische Galerien	Geschoss B und C	S.50
Galerie des 20. Jahrhunderts	Geschoss B	S.60
Galerie der Eisenarbeiten	Geschoss B	S.64
Keramikgalerien	Geschoss D	S.66
Glasgalerie	Geschoss C	S.68
Die Fresken von Leighton	Geschoss B	S.70
Schmuckgalerie	Geschoss B	S.71
Gobelingalerie	Geschoss B	S.72
Silbergalerie	Geschoss B	S.73
Gemälde, Zeichnungen Graphik und Fotografien	Henry-Cole-Flügel Geschosse 2-6	S.74
Frank Lloyd Wright Galerie	Henry-Cole-Flügel Geschoss 2	S.79

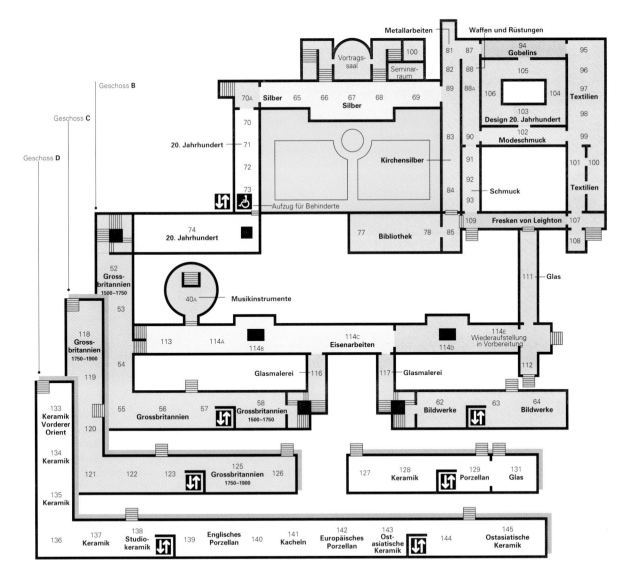

Die europäischen Galerien

Die europäischen Galerien beherbergen eine unübertreffliche Sammlung europäischer Kunst vom Mittelalter bis zum Ende des 19. Jahrhunderts. Die ältesten Objekte stammen von etwa 400 v. Chr., als das Christentum allmählich zur vorherrschenden Religion wurde. Der Grossteil der aus der frühen mittelalterlichen Epoche überlieferten Gegenstände wurde in den Schatzkammern der grossen Kirchen und Kathedralen verwahrt. Viele von ihnen wurden zur Inspiration und zur Stärkung des Glaubens geschaffen und sind oft mit Bildern aus der Bibel oder aus dem Leben der Heiligen verziert. Die Elfenbeintafeln des **Kastens aus Veroli (1)** zeigen jedoch Szenen der klassischen Mythologie. Dieser Kasten, ehemals in der Domschatzkammer in Veroli, südöstlich von Rom, wurde Ende des 10. Jahrhunderts oder zu Beginn des 11. Jahrhunderts in Konstantinopel (jetzt Istanbul) angefertigt. Das Römische Reich wurde 293 n. Chr. in das oströmische und weströmische Reich aufgeteilt. Während die römische Vormachtstellung in Westeuropa zerfiel, wuchs und gedieh das

Der **Leuchterfuss von Gloucester (2)**, eines der grossen Meisterwerke englischer Kunst des Mittelalters. Er wurde zuerst in Wachs modelliert und dann in drei Teilen aus Kupfer, Zink, Zinn, Blei, Nickel, Eisen, Antimon, Arsen und Silber gegossen. Diese ungewöhnliche Vielzahl von Materialien lässt vermuten, dass der Leuchterfuss aus einer Anzahl alter Münzen gegossen wurde. Von den drei lateinischen Inschriften ist wohl die über seine Stiftung am wichtigsten: 'Frömmigkeit des Abts Peter und seiner treuen Schar gab mich der St. Peters Kirche in Gloucester'. Peter war von 1104 bis zu seinem Tode 1113 Abt des Benediktiner Klosters St. Peter, heute die Kathedrale von Gloucester. Auf diesem Leuchterfuss sind Menschen, Ungeheuer und Astwerk phantasiereich vereint, wie es oft in nordeuropäischer Kunst dieser Epoche zu finden ist. Dem Stil nach stammt dieses Stück aus England, möglicherweise aus Canterbury.

Wie oft in der mittelalterlichen Kunst sind sowohl Zweck als auch Motive dieser **Emailplatten (3)** nicht bekannt. Der mit dem Löwen ringende Mann soll wahrscheinlich Samson des Alten Testaments darstellen, er könnte allerdings auch der antike Herkules im

1. Der Kasten von Veroli
Mittelalterliche Schatzkammer, Raum 43
216-1865

byzantinische Reich, wo das Erbe der Antike durch das Mittelalter hindurch geehrt wurde. Die Stabilität des Reiches liess alle Kunstzweige gedeihen, und das Ende des 10. Jahrhunderts war eine Blütezeit der Elfenbeinschnitzerei. Dieser prächtig geschnitzte Kasten wurde wahrscheinlich für eine Person angefertigt, die dem Kaiserhof in Konstantinopel, der Hauptstadt des Reiches, nahestand. Er diente möglicherweise der Aufbewahrung von Parfümflaschen oder Schmuck.

Kampf mit dem Löwen sein. Die andere Platte zeigt Alexander den Grossen, dessen Heldentaten von mittelalterlichen Schriftstellern neu verfasst und von Künstlern dargestellt wurden. Hier fährt er in einem von Greifen gezogenen Wagen in den Himmel auf. Diese etwa um 1150 entstandenen Platten sind in Stil und Format mit einer Anzahl anderer gleich, die heute über ganz Europa zerstreut sind. Wahrscheinlich stammen sie alle ursprünglich aus einem grossen Ensemble, vielleicht einem

**2. Der Leuchterfuss
von Gloucester**
Mittelalterliche
Schatzkammer,
Raum 43
◀ 7649-1861

3. Emailplatten
Mittelalterliche
Schatzkammer,
Raum 43
M.53-1988 ▶

Antependium, das durch Krieg oder Revolution zerstört wurde. Die Platten sind in *Grubenschmelz* emailliert, einer der wichtigsten dekorativen Techniken des Mittelalters: In die Kupferplatte wurden Gruben ausgehoben, die mit Puder aus gemahlenem, farbigen Glas gefüllt wurden. Die Platten wurden unter hohen Temperaturen gebrannt und danach poliert und vergoldet. Auf Grund des Reichtums und der delikaten Farbigkeit gehören sie zu den besten Beispielen mittelalterlicher Emailkunst. Sie wurden wahrscheinlich in Lüttich oder Maastricht, den Zentren der maasländischen Emailproduktion hergestellt.

Der **Butler-Bowden Chormantel (4)** ist nach der Familie benannt, in dessen Besitz er sich über mehrere Jahrhunderte befand. Er ist ein vorzügliches Beispiel mittelalterlicher kirchlicher Stickerei in *Opus Anglicanum,* von dem das Museum eine hervorragende Sammlung besitzt. Dieser prächtige Chormantel entstand um 1330-50 und zeigt Szenen aus dem Leben der Madonna sowie Apostel und Heilige. Er ist mit Silber, Silberblattgarn und Seide auf purpurrotem Samt bestickt. Als einer der aufwendigsten und dekorativsten Luxusartikel englischer Kunst des 13. und 14. Jahrhunderts war er von den Mächtigen Europas, den Päpsten und Königen begehrt, für die er Wahrzeichen ihres Reichtums und Standes war. Viele mittelalterliche Kirchengewänder wurden später zerschnitten und neu verwendet. Der Chormantel wurde später zerschnitten, und Teile wurden in anderen Paramenten wiederverwendet, bis er im 19. Jahrhundert wieder zusammengesetzt wurde, wie an dem flickenhaften Aussehen zu ersehen ist.

Um 1500 sah die europäische Kultur wichtige Veränderungen, die sich in Ausdruck und Stil weltlicher und religiöser Kunst widerspiegeln. Das aussergewöhnliche **Burghley Nef (5)** wurde 1527-8 in Paris gefertigt. Im mittelalterlichen Frankreich wurden mit dem Wort *Nef* schiffsförmige Gegenstände oder Gefässe bezeichnet, die zur Tafelzier der Reichen gehörten. Sie dienten der Dekoration und hatten Funktionen, z.B. als Behälter für Bestecke oder, wie in diesem Fall, für Salz. Das zu der damaligen Zeit teure Salz wurde entsprechend in Gefässen aus kostbaren Materialien aufbewahrt, wie in diesem silbernen Schiff. Es wurde am Tisch traditionell vor die wichtigste Person plaziert. Am Fusse des Masts sieht man die winzigen Figuren der Schach spielenden Verliebten, Tristan und Isolde, die der Legende nach versehentlich einen Liebestrank zu sich nahmen und tragische Folgen erlitten.

Veränderungen in den Andachts- und Gebetspraktiken im späteren Mittelalter bedingten neue Formen der religiösen Bildwelt, denn persönliche Andacht und Versenkung des Einzelnen in die Geheimnisse des Heils wurde als immer wichtiger angesehen. **Stundenbücher (6)**, wie dieses nordfranzösische Exemplar aus dem frühen 16. Jahrhundert, spielten dabei eine wichtige Rolle. Man benutzte diese Bücher beim Beten zu vorgeschriebenen Tageszeiten – den liturgischen 'Stunden' – wobei die Illustrationen bei der Meditation helfen sollten. Diese Seite stellt die Anbetung der Heiligen Drei Könige

5. Das Burghley Nef
Nordeuropa,
Raum 26
M.60-1959 ▶

6. Stundenbuch
Nordeuropa,
Raum 26
▼ AL.1658-1902

dar, das Bild für die liturgische Stunde am Mittag, die 'Sexta'. Die weitgehend traditionelle Komposition des 15. Jahrhunderts erhielt hier einen 'modernen' architektonischen Renaissance-rahmen. Die Produktion von Stundenbüchern führte schon vor 1486 zu einem blühenden Handel, als man in Paris anfing, dicht bebilderte Gebetbücher in grossem Umfang zu drucken. Von Hand illuminierte Versionen wie dieses Stundenbuch wurden weiterhin von Schreibern und Buchmalern erstellt, allerdings um 1530 nur noch als luxuriöse Artikel.

Eine andere Art von Bildwerken, die zu dieser Zeit in Europa heimisch und allen zugänglich war, waren Flügelaltäre. *Maria Salome und Zebedäus* (7) von Tilman Riemenschneider (ca. 1460-1531) bildete ursprünglich den rechten Flügel des Altarbildes der Heiligen Sippe, die Darstellung der Familie Mariens. Das Mittelstück zeigte die heilige Anna mit ihrer Tochter Maria und dem Christuskind. Maria Salome war eine Tochter der heiligen Anna, die Halbschwester der Jungfrau Maria und Frau des Zebedäus. Tilman Riemenschneider gehörte zu den bedeutendsten Bildhauern Süddeutschlands des späten 15. und frühen 16. Jahrhunderts. Seine Spezialität war die Herstellung von Altarbildern aus Lindenholz, von denen einige bemalt waren. Viele, wie dieses um 1501-5 in Würzburg geschnitzte Exemplar, waren glasiert. Dies liess nicht nur die kräftigen Farben des Holzes durchscheinen, sondern betonte auch die feinen Schnitzereien der Gesichter und Stoffe.

Im späteren Mittelalter hatten die Kirchen und Kathedralen Europas beträchtlich an Grösse und Wohlstand gewonnen. Dieses Glasfenster vom Ende des 15. Jahrhunderts zeigt **Johanna von Aragon (8)**. Johanna war die Erbin des spanischen Throns, die Ehefrau Philip des Schönen, des Grafen von Flandern, und die Schwiegertochter Maximilians von Österreich, Kaiser des Heiligen Römischen Reiches und Herrscher der Niederlande. Man erinnert sich aber weniger an ihren glanzvollen Stand als an ihre Geistesgestörtheit, die ihr den Namen 'Johanna die Wahnsinnige' einbrachte. Dieses Fenster ist eines aus der Reihe, die Johanna, Philip, Maximilian und andere Mitglieder der Familie darstellen, welche der Kapelle des Heiligen Blutes der St. Basile Kirche in Brügge vermacht wurde. Die Kapelle wurde von der 'Bruderschaft des Heiligen Blutes' verwaltet und zu Andachten benutzt, einer Kongregation der Einwohner von Brügge, die karitativ tätig war. Trotz wohl vielfacher Restaurierungen ist das Fenster aufgrund der exquisiten Malerei eines der qualitätvollsten erhaltenen Exemplare dieser Epoche aus den burgundischen Niederlanden.

7. *Mary Salome und Zebedee* **von Riemenschneider**
Nordeuropa,
Raum 27
110-1878

8. Johanna von Aragon
Nordeuropa,
Raum 28
C.442-1918 ▶

Majolikaware bekannt. Laut der Unterschrift auf der Rückseite wurde dieser **Majolikateller (10)** von 'Jacopo' gemalt. Von etwa 1510 stammend, ist dies das einzige voll signierte Stück aus der Cafaggiolo-Werkstatt. Der Teller ist mit einer Szene der Geschichte von Judith und Holofernes des Alten Testaments bemalt. Judith war eine jüdische Heldin, die während der Besetzung von Bethulia durch die Assyrer das feindliche Lager betrat und deren Führer Holofernes verführte und enthauptete. Sie wurde später von der florentinischen Republik zur Heldin und Tyrannenmörderin erklärt. Sie wird hier als florentinische Zeitgenossin gezeigt, die die Fahne mit den Farben der Stadt trägt.

9. *Madonna mit Kind und vier Engeln* **von Donatello**
Italien, Raum 16
◀ A.1-1976

10. Majolicateller
Italien, Raum 14
▼ C.2151-1910

Die Renaissance, oder Wiedergeburt der Antike, blühte im Italien des 15. und 16. Jahrhunderts und führte zu ausserordentlichen künstlerischen Leistungen. Dieser Bronzetondo, eine intime Darstellung der *Madonna mit Kind und vier Engeln* **(9)** ist ein Werk des florentinischen Künstlers Donatello (ca. 1386-1466), dem berühmten einflussreichsten italienischen Bildhauer des 15. Jahrhunderts. Er war ein Geschenk des Künstlers an seinen Leibarzt, Giovanni Chellini, der das Werk in seinem Tagebuch am 27. August 1456 beschreibt. Die Rückseite ist ausgehöhlt, so dass Abgüsse des Bildes aus geschmolzenem Glas gegossen werden können. Um diese einzigartige Abgussmöglichkeit auszuprobieren, wurden Kopien der Bronzescheibe erstellt und aus diesen Glasmodelle gegossen, von denen eines auf der Rückseite der Vitrine ausgestellt ist.

Einer von Donatellos wichtigsten Auftraggebern war Cosimo de Medici. Die Medicis waren die mächtigste Familie des florentinischen Stadtstaates, und unter ihrer Schirmherrschaft florierten die Künste. Einige der schönsten Keramiken der Renaissance wurden in einer Töpferei in der Villa der Medicis in Cafaggiolo, nördlich von Florenz, hergestellt. Die von dort stammenden zinnglasierten Tonwaren sind als

Die *Anbetung der Heiligen Drei Könige* (11) ist das Werk des florentinischen Bildhauers Andrea della Robbia (1435-1525). Andrea erbte die Familienwerkstatt seines Onkels, Luca della Robbia, der eine Methode entwickelt hatte, um farbenprächtige, dauerhafte und verhältnismässig billige Skulpturen herzustellen, die ähnlich der von Töpfern zum Auftragen von Zinnglasur auf Terrakotta (gebrannten Ton) ist. Grössere Skulpturen wie diese von ungefähr 1500-10 wurden in Einzelteilen angefertigt, so dass sie in den Brennofen passten. Die Szene zeigt eine Landschaft mit den Heiligen Drei Königen und Begleitern, wie sie der heiligen Familie ihre Gaben darbringen. Andreas Skulptur ähnelte zeitgenössischen Gemälden, bestimmte Farben jedoch, wie z.B. Rot, konnten in Zinnglasur nicht geschaffen werden. Auf dem Rahmen befindet sich das Wappen der Albizzi, einer bekannten florentinischen Familie, die das Relief wahrscheinlich für eine Kirche in der Nähe von Florenz in Auftrag gegeben hatten. In der glänzenden Oberfläche des Altarbildes hätte sich das Kerzenlicht der Kapelle widergespiegelt und somit das Bild zum Leben gebracht.

Andrea Briosco (ca. 1470-1532), genannt Riccio wegen seiner Lockenpracht, ist der Schöpfer dieser **Bronze (12)**. Er war als Meister von Bronzeskulpturen berühmt. Diese Reiterstatuette, die Bewegung und Spannung vereint, schuf er um 1510-15 in Padua. Die Gruppe wurde vielleicht von der venezolanischen Kavallerie inspiriert, die ohne Sattel ritt, oder durch die Beschreibung eines lebhaften und erregten Pferdes, die einer seiner Freunde 1504 veröffentlichte. Bronzen werden normalerweise in verschiedenen Versionen reproduziert. Die von Riccio verwendete Gussmethode verleiht dieser Gruppe den Status eines Unikats. Die Gruppe tauchte zuerst Ende des 19. Jahrhunderts auf. Sie befand sich im Besitz von Frédéric Spitzer, einem Sammler in Paris, dessen Sammlung für gefälschte Silberobjekte und Rüstungen berüchtigt war. Da der Reiter auf einer Reihe von verschiedenartigen Bronzepferden zu sehen ist, ist es sicher, dass Spitzer separate Kopien dieses Reiters in Auftrag gegeben hat.

12. *Der Schrei des Reiters* **von Riccio**
Italien, Raum 12
▼ A.88-1910

13. Das Restaurant von Morris und Gamble ▶

Neben den Galerien der italienischen Renaissance befinden sich die drei Räume des ehemaligen **Restaurants des Museums (13)**, die in den Jahren um 1860 geschaffen wurden. Der grüne Speiseraum wurde von William Morris entworfen. Er wird zwar heute als einer der wichtigsten Designer und Denker seiner Zeit anerkannt, war jedoch noch relativ unbekannt, als seine Firma den Auftrag für die Ausstattung des Raumes erhielt. Die farbigen Glasfenster und die glasierten Kacheln sind Werke des Künstlers Edward Burne-Jones, Freund und Partner von Morris. James Gamble, einer der Designer des Museums, war für den zentralen Raum verantwortlich. Die glitzernden Keramikkacheln an den Wänden und Säulen wurden aus praktischen und dekorativen Gründen verwendet, da sie feuer-, dampf- und geruchsbeständig und ausserdem leicht zu reinigen sind. Der Fries rund um den Raum illustriert das Buch von Ecclesiasticus 2:24, während eine Vielzahl appetitanregender Sprichwörter auf den Glasfenstern zu sehen ist. Der letzte Raum wird von einem Eisen- und Messinggrill beherrscht. Dieser und die blau-weissen Kacheln wurden von Edward Poynter entworfen. Diese drei Räume dienten als Restaurant, bis der Zweite Weltkrieg ausbrach. Sie wurden später als Depot benutzt, doch nach der Restaurierung in den siebziger Jahren erstrahlten sie wieder in ihrem ursprünglichen Glanz.

Die Marmorskulptur *Samson erschlägt einen Philister* (14) ist die früheste der grossen Marmorgruppen Giambolognas (1529-1608), dem Bildhauer der Medici, und gleichzeitig das einzige bedeutende Werk dieses Künstlers ausserhalb Italiens. Die Gruppe wurde um 1562 von Francesco de Medici, dem Grossherzog der Toskana, für einen Brunnen in Florenz in Auftrag gegeben, ging aber später als Geschenk nach Spanien. Dann wurde sie dem Prinzen von Wales, dem späteren König Karl I., 1623 überreicht, als er in Spanien war, um einen Ehevertrag auszuhandeln. Sie wurde bald zur berühmtesten italienischen Skulptur in England. Die dramatische Szene lehnt sich an eine Komposition Michelangelos an, der im hohen Alter von siebzig Jahren war, als Giambologna ihn in Rom traf. Dieses Meisterwerk künstlerischer und technischer Virtuosität ist aus einem Marmorblock gehauen, der nur an fünf kleinen Stellen miteinander verbunden war. Mit den Jahren brachen diese unter dem Gewicht der Figuren, und die Skulptur musste mit Metallstäben in den Beinen des Philisters stabilisiert werden.

Während Marmorstatuen solcher Art für die Öffentlichkeit bestimmt waren, dienten Werke wie dieses **Spinett** (15) auch als privates Statussymbol. Dieses Spinett wurde 1577 von dem Mailänder Instrumentenbauer Annibale Rossi (tätig 1542-77) geschaffen. Wahrscheinlich ist es das am prächtigsten verzierte Tasteninstrument, das noch erhalten ist. Es ist mit nahezu 2000 geschnittenen Steinen verziert und somit ein frühes Beispiel der Einlegetechnik, *pietre dure* genannt. Die die Steine rahmenden Elfenbeine sind in Rollwerkdekoration, einer Ornamentform, die zuerst um 1530 im Palais von Fontainebleau in Frankreich verwandt wurde. Einflussreiche Dekorationssysteme wie dieses verbreiteten sich rasch in den europäischen Zentren mittels der Druckgraphik. Das Spinett wurde auf der Pariser Ausstellung 1867 gezeigt und anschliessend vom Museum zum enormen Preis von £1.200 erstanden.

14. *Samson erschlägt einen Philister* **von Giambologna**
Europa 1500-1600, Raum 21
A.7-1954

15. Spinett von Rossi
Europa 1600-1800,
Raum 1a
809-1869

Die Büste *Thomas Bakers* (**16**) stammt von dem grossen Barockbildhauer Gian Lorenzo Bernini (1598-1680), der Portraitskulptur mit seinen lebhaften Charakterisierungen revolutionierte. Thomas Baker (1606-58) wird mit wallendem Haar und prächtigem Spitzenkragen dargestellt. Baker reiste viel in Europa, und nachdem er 1636 Berninis Studio in Rom besucht hatte, gab er diese Büste in Auftrag. Baker hatte gute Verbindungen zum englischen Hof und brachte vielleicht das berühmte Dreierportrait König Karls I. von Anthony van Dyck nach Rom, damit Bernini es als Modell für seine Büste des Königs verwenden konnte. Als der Papst, Berninis Hauptauftraggeber, erfuhr, dass er ohne seine Genehmigung an einer Büste Bakers arbeitete, verbot er ihm die Weiterarbeit. Die Büste wurde später mit Hilfe eines Werkstattgehilfen fertiggestellt, der hauptsächlich für den unteren Teil verantwortlich ist. Die Büste gehörte für eine Zeit lang Sir Peter Lely, dem ersten Hofmaler König Karls II., selbst Spezialist der Portraitkunst.

**16. *Thomas Baker*
von Bernini**
Europa 1600-1800,
Raum 1c
A.63-1921

Das aufwendige silberne **Lavabo (17)**, gefertigt 1621-2, zeigt Episoden aus dem Leben Giovanni Grimaldis, Mitglied einer der wichtigsten aristokratischen Familien Genuas des 17. Jahrhunderts. Die Kanne zeigt die Schlacht am Po, 1431, in der Giovanni die Mailänder Flotte gegen die Venezolaner kommandierte. An prominenter Stelle ist auch das Wappen der Lomellini sichtbar, einer anderen einflussreichen Familie Genuas, deren Reichtum teilweise auf dem Korallenhandel beruhte. Der Auftrag kann zwar nicht dokumentiert werden, doch die beiden Dynastien hatten gemeinsame Handelsinteressen und waren durch Heirat verwandt. Vielleicht wurden die Stücke für die Grimaldis angefertigt und später an die Lomellinis weitergegeben, als Hochzeitsgeschenk etwa oder in einem Geschäftsabkommen. Solche Lavabos waren keine Gebrauchsobjekte sondern dienten der Präsentation. Die figuralen Teile, insbesondere der gewundene Griff und der Ausguss der Kanne, zeugen von der Vorliebe des 16. und frühen 17. Jahrhunderts für groteske Ornamente.

Dieser bestickte **Wandbehang (18)** ist eine von vier Bahnen, die um 1710 speziell als Wandverkleidung angefertigt wurden. Die Stickerei wurde, aufgrund des frankophilen Geschmacks am russischen Hof, vielleicht von Franzosen in St. Petersburg gefertigt, doch der Träger ist russischen Ursprungs. Auf den Leinwandbahnen sind eine Vielzahl von Motiven mit Wolle und Seide gestickt. Sie haben einen losen Rahmen aus exotischem Laubwerk, ähnlich dem hochmodernen Muster zeitgenössischer französischer gewobener Seiden, die man *bizarre* nannte. Überall zwischen diesen Farbschwaden befinden sich winzige Szenen. Darunter Stilleben mit Früchten und blau-weissem Porzellan, Garten-statuen und Urnen im Stil derer, die die Gärten von Versailles schmückten, und Genrefiguren nach den Gemälde- und Gobelinentwürfen des Flamen David Teniers des Jüngeren (1610-90).

**17. Lavabo der
Familie Lomellini**
Europa 1600-1800,
Raum 2a
◄◄ M.11-1974

**18. Bestickter
Wandbehang**
Europa 1600-1800,
Raum 3d
◄ T.392-1976

**19. Teile des
Möllendorff-Service**
Europa 1600-1800,
Raum 4
C.238 to 256-1921 ►

Im 17. Jahrhundert zählte in Europa das aus China und Japan importierte Porzellan zu den meistbegehrten Luxusgütern. Die erste europäische Manufaktur, der es gelang, Porzellan herzustellen, wurde 1710 in Meissen gegründet. Obwohl das Geheimnis der Porzellanherstellung bald in anderen europäischen Zentren bekannt war, die Meissener Vormachtstellung jedoch blieb über Jahrzehnte hin erhalten. Um 1720 begann man in Meissen reich verzierte Tischservice herzustellen, die bald Silberarbeiten, die als diplomatische Geschenke überreicht wurden, verdrängten. Das **Möllendorff-Service (19)**, das im 19. Jahrhundert geteilt wurde, bestand ursprünglich aus über 960 Teilen. Daher kann man heute Teile davon in öffentlichen wie in privaten Sammlungen weltweit finden. Das Service wurde um 1762 von Friedrich dem Grossen, König von Preussen (1712-86), in Zusammenarbeit mit Karl Jacob Christian Klipfel, einem Meissener Künstler und Musiker, entworfen. Einige der Figuren wurden von Johann Joachim Kändler (1706-75) gefertigt. Die Manufaktur verdankte ihren Ruhm zum Grossteil dem Genie Kändlers, einem Hofbildhauer, der Hauptmodellierer für Meissen wurde und 42 Jahre dort arbeitete. Das Service wurde dem preussischen Generalmajor (später Feldmarschall) Richard Joachim Heinrich von Möllendorff (1724-1816) als Auszeichnung für seine militärische Leistung im Siebenjährigen Krieg Preussens gegen Österreich um Schlesien überreicht.

Die Meissener Manufaktur wurde von dem passionierten Sammler August II. gegründet. Dieser kunstvolle **Sekretär (20)** wurde etwa 1750-5 für seinen Sohn, August den Starken (1696-1763), Kurfürst von Sachsen und König von Polen, angefertigt. Mit der ausgefeilten Wahl der Materialien stellt er ein erlesenes Beispiel deutscher Handwerkskunst des Rokoko dar. Die Künstler des Hofes Augusts des Starken holten sich ihre künstlerischen Inspirationen zwar aus Paris. Doch in der Qualität der Einlegearbeiten aus Holz, Perlmutter, Elfenbein und Messing, sowie die vergoldeten Verzierungen ist es jedem französischen Möbelstück dieser Klasse ebenbürtig. Der Sekretär wurde in einer der führenden Werkstätten Dresdens gefertigt, möglicherweise von Michael Kimmel oder Kümmel, dem Hoftischler, der 1749 als junger Mann wie folgt beschrieben wird: 'äusserst geschickt im Umgang mit Bronze und exotischem Holz und kundig des französischen und englischen Designs'. Baron Mayer von Rothschild kaufte den Sekretär 1835 im Alter von 17 Jahren für den Betrag von £1000. Er blieb bis 1977 im Familienbesitz in Mentmore Towers.

Die französische Manufaktur in Sèvres dominierte ab 1770 den europäischen Markt für Luxusporzellan. Diese **Vase (21)** ist mit der tiefblauen, als *bleu nouveau* bekannten Hintergrundfarbe verziert. Der vertraute Anblick Jupiters in der Umarmung seines Liebhabers Callisto ist einem Stich des berühmten französischen Malers François Boucher (1703-70) entnommen, dessen sinnliche Bilder oft auf Porzellan aus Sèvres wiedergegeben wurden. Die Vase war wahrscheinlich ein diplomatisches Geschenk an den Herrscher des indischen Staates, Tipu Sultan, das ihm 1788 von Ludwig XVI. überreicht wurde. Nach England gelangte sie offenbar, als Seringapatam, die Hauptstadt von Mysore, 1799 von den Briten eingenommen wurde. Tipu Sultan kam in der langen und blutigen Belagerung ums Leben. Die Vase ging dem Museum 1882 als Teil des Jones Bequest zu. John Jones, der sein Vermögen als Militärschneider im Krimkrieg machte,

verwandte ungefähr £250.000 für seine umfangreiche Sammlung kontinentaler Kunst des 18. Jahrhunderts, die er dem V&A vermachte. Die Sammlung ist bekannt für ihr Sèvres Porzellan. Diese Vase ist eines der besten und eindrucksvollsten Beispiele.

20. Sekretär Augusts III.
Europa 1600-1800, Raum 5c
◄◄ W.63-1970

21. Vase aus Sèvres
Europa 1600-1800, Raum 7e
▼ 747-1882

Das V&A wurde mit Hilfe von Erträgen aus der Weltausstellung von 1851 gegründet und viele der Ausstellungsstücke wurden von der britischen Regierung gekauft, um eine neue Sammlung aufzubauen. Dieses opulente deutsche **Schaubuffet (22)**, entworfen von Ferdinand Rothbart (1823-99) und gefertigt von Thomas Hoffmeister und Thomas Behrens, wurde 1851 anlässlich der Weltausstellung im Kristallpalast gezeigt, ging jedoch, im Gegensatz zu anderen Objekten, erst 1967 in den Besitz des Museums über. Kaiser Franz Joseph I. von Österreich schenkte das Buffet Königin Victoria und Prinz Albert, eine angebrachte Geste, da das Möbel in Coburg hergestellt und Prinz Albert ein Mitglied des Hauses Sachsen-Coburg war. Es wurde zuerst im Buckingham Palast und später im Holyrood Haus, der offiziellen schottischen Residenz des Monarchen, aufgestellt. Das Möbelstück ist im Stil der 'Neogotik' entworfen. Im 19. Jahrhundert

22. Schaubuffet aus Eiche
Europa und Amerika
1800-1890, Raum 8
W.11-1967

inspirierten die stark geschnitzten Verzierungen des Mittelalters viele britische und europäische Designer. Sie hielten die Gotik eher für den Inbegriff der Stile als die importierten klassischen Stile der griechischen und römischen Antike, die viele Entwürfe des 18. Jahrhunderts beeinflusst hatten.

Während die vergangenen Kunstepochen die Möbeltischler inspirierten, war es hier die Kunst Japans, einer anderen Kultur also, die die Bewunderung des französischen Malers und Graphikers Toulouse-Lautrec (1864-1901) fand. *Eldorado...Aristide Bruant in seinem Varieté* (23) ist eines der drei Poster, das Lautrec 1892 für Aristide Bruant entwarf. Alle drei zeigen den Sänger und Varietébesitzer als mächtige, beinahe drohende Figur, dessen Spezialität die reisserische

Darbietung aktueller Gassenhauer war. Die Wirkung des Posters liegt in der Einfachheit seiner Komposition, den kräftigen Umrissen und grossen Farbfeldern, die an den Stil japanischer Drucke erinnern. Die Beschriftung, ja sogar das Monogramm des Künstlers, sind Bestandteil des gesamten Entwurfs. Für Lautrec war das Druckverfahren seiner Poster stets von extremer Wichtigkeit. Am Steindruck arbeitete er selbst, indem er Farbeffekte durch Aufspritzen der Farbe mit einer Zahnbürste erzielte, und Tinten mit einem Spachtel mischte, um genau die gewünschten Farben zu erhalten. Sein eifriges Interesse galt der Farblithographie, und sein vollkommenes Geschick in der technischen Ausführung war nicht zuletzt verantwortlich dafür, dass seine Poster zu einer wichtigen Kunstform wurden.

23. *Eldorado...*
Aristide Bruant in
seinem Varieté **von**
Toulouse-Lautrec
Europa und Amerika
1800-1890, Raum 9
Circ.669-1967

Die Skulpturengalerie

Die Skulpturengalerie beherbergt die nationale Sammlung britischer und kontinentaler Skulpturen sowie eine wichtige Gruppe von Bildhauermodellen. Eines der bekanntesten ausgestellten Werke ist das Denkmal des Komponisten *Georg Friedrich Händel* **(1685-1759) (24)** von Louis-François Roubiliac (1702-62). Diese Skulptur wurde vom Impresario Jonathan Tyers für seine berühmten Lustgärten in Vauxhall in Auftrag gegeben. Händel wird hier als Orpheus mit einer Lyra dargestellt. Trotz aller klassischen Anspielungen trägt er jedoch legere zeitgenössische Kleidung: eine weiche Kappe, ein langes Hemd, das oben aufgeknöpft ist, einen langen, weiten Morgenrock und Pantoffeln, von denen einer unter seinem rechten Fuss liegt. Er sitzt entspannt, mit gekreuzten Beinen, und stützt sich mit seinen Ellbogen auf einen Stapel seiner Werke, darunter Alexanders Fest, das im selben Monat vollendet wurde wie die Skulptur. Die Skulptur war etwas noch nie dagewesenes, denn nicht nur wurde der Sitzende auf ungewöhnlich ungezwungene Weise dargestellt, sondern es war ausserdem die erste lebensgrosse Marmorplastik eines lebenden Künstlers. Bis zu diesem Zeitpunkt wurden solche Skulpturen in der Öffentlichkeit nur für Monarchen, Adlige oder militärische Führer geschaffen. Roubiliac war zwar ein französischer Bildhauer, hat jedoch alles, was uns von seinen Werken bekannt und noch erhalten ist, in England geschaffen. Die Händel-Skulptur ist seine erste bekannte unabhängige Arbeit.

Die Galerien der Abgussammlung

Die Galerien der Abgussammlung **(25)** sind zwei der spektakulärsten Hallen des Museums. In diesen Galerien sind keine 'echten' Objekte ausgestellt, sondern ausschliesslich Reproduktionen. Die Architekturgalerien, wie sie ursprünglich genannt wurden, wurden im Oktober 1873 für die wachsende Sammlung von Gipsabgüssen und Galvanoreproduktionen eröffnet. Diese Sammlung wurde vor allem im Hinblick auf Kunststudenten aufgebaut, die selten die Möglichkeit hatten, grosse Kunstwerke im Ausland im Original zu besichtigen. Dieser Lerneifer führte unter anderem zur Schaffung von Gipssammlungen in ganz Europa. Die Sammlung des V&A bleibt jedoch im Vergleich zu anderen Institutionen in Grösse und Vielfalt einzigartig und ist eine der wenigen noch erhaltenen Sammlungen. Die Gipssammlung wird heute aus mehreren Gründen geschätzt, nicht zuletzt aufgrund des einzigartigen Bildes, das sie über die Vorstellungen des 19. Jahrhunderts von Museumsdekorationen und Ausstellungen vermittelt. Diese Abgüsse sind wertvolle Dokumentationen vieler Originale, die inzwischen beschädigt oder zerstört wurden.

24. *Georg Friedrich Händel* von **Roubiliac**
Skulptur, Raum 50a
A.3-1965

25. Die Galerie der Abgussammlung
Raum 46a ▶

Die asiatischen Galerien und die Galerien des Vorderen Orients

Diese Galerien beherbergen Schätze aus Ost- und Südostasien, dem indischen Sub-kontinent, Westasien und dem Vorderen Orient. Die farbige **Schatulle (26)** gehört zu den ungewöhnlichsten Ausstellungsstücken der **Samsung-Galerie koreanischer Kunst**. Sie ist mit Streifen aus bemaltem Ochsenhorn verziert, eine komplizierte, aber für Korea typische Technik. Das Horn wurde zuerst eingeweicht, flach gedrückt und dann in dünne Scheiben geschnitten. Diese transparenten Scheiben wurden dann auf der Rückseite vorwiegend in roter, grüner und gelber Farbe bemalt, bevor sie auf den Holzkern der Schatulle geklebt wurden. Das etwa um 1880-1910 hergestellte Kästchen ist mit Tieren und Blumen verziert. Viele dieser Motive beinhalten verheissungsvolle Botschaften: der Tiger schützt vor dem Bösen, die Schildkröte ist Sinnbild langen Lebens und ein Vogelpaar symbolisiert eheliche Harmonie. Da Ochsenhorn-verzierungen so zeitaufwendig waren, waren derartige Schatullen nur für Reiche erschwinglich. Diese Technik findet man auf Stücken für den Hausgebrauch, wie Schmuck- und Nähkästen, Nadeletuis, Kissenenden und kleine Wäschetruhen, die hauptsächlich von Frauen benutzt wurden.

Diese kleine, sehr geschickt angefertigte Stickerei ist ein **Rangabzeichen (27)** und zeigt den Rang eines Regierungsbeamten der Chosŏn Dynastie (1392-1910). Sie wurde im 19. Jahrhundert gefertigt und zeigt ein Leoparden-paar, welches von Regierungsbeamten der ersten bis dritten Stufe

getragen wurde. In Korea schmückten Leoparden und Tiger, Sinnbild für Stärke und Mut, die Gewänder der Militärbeamten, während für Zivilbeamte Kranichmotive vorgesehen waren. Auf diesem Abzeichen sieht man die auffällig gefleckten Tiere zwischen Felsen, Wellen und Wolken in einer Anordnung, die über 300 Jahre hindurch kaum verändert wurde.

Die grün-glasierten Keramiken der Koryŏ Dynastie (935-1392) fanden schon immer Bewunderung in Korea, wie auch im Ausland. Diese eleganten und feinen Seladonwaren, der eigenartigen grünen Farbe so genannt, wurden für den Hof und die Aristokratie hergestellt. Das V&A hat das Glück, eine Vielzahl exzellenter Beispiele zu besitzen, darunter auch diese **Kanne und rituelles Gefäss (28)**. Der Archäologie verdanken wir viel für das Verständnis asiatischer Kunst. Das Interesse an Seladonware der Koryŏ-zeit geht zu einem grossen Teil auf die Aus-grabungen koreanischer Gräber zurück. Die vom Museum erworbenen Stücke stammen aus den Sammlungen von Diplomaten und Missionaren, die in Korea zur Zeit der Ausgrabungen lebten, sowie von Besuchern Koreas. Zu den letzteren gehörten Aubrey Le Blond und seine Frau, die 1913-4 nach Korea reisten. Ihre Sammlung, zu der auch dieser Kanne in Form einer Bambussprosse gehörte, wurde 1918 dem Museum vermacht.

ittelpunkt der Gerald Godfrey Galerie der chinesischen Exportkunst ist das imposante Modell einer **Pagode (29)** aus siebzehn Porzellanschichten mit einer Höhe von über 2,7 Metern. Porzellanmodelle dieser Grösse und Qualität sind äusserst selten, diese Pagode ist eine von nur zehn noch existierenden, von der wir Kenntnis haben. Der europäische Handel mit China florierte am meisten zwischen 1720 und 1840. Seide, Gewürze, Tee, Porzellan und andere Kunstgewerbe wurden von der grossen Hafenstadt Kanton an der Südküste Chinas nach

28. *Seladon*
Wasserkanne und
rituelles Gefäss
Samsung-Galerie
koreanischer Kunst
C.527-1918 and C.743-1909

29. Porzellanpagode
Gerald Godfrey Galerie
der chinesischen
Exportkunst, Raum 47f
C.80-1954 ▶

Europa verschifft. Zur Befriedigung der Bedürfnisse des wachsenden westlichen Massenmarktes wurden die meisten Waren in grossen Mengen hergestellt, Stücke wie diese Pagode aber waren gesonderte Aufträge. Die Pagode entstand etwa um 1800-15 nach dem Vorbild der Pagode in Nanking, die im 15. Jahrhundert und 1853 zerstört wurde. Europäische Kunden legten allerdings kaum Wert auf solch akkurate Vorbilder. Diese Pagode war für ihren Käufer sicherlich die zutiefst westliche Version der Geheimnisse des exotischen Ostens.

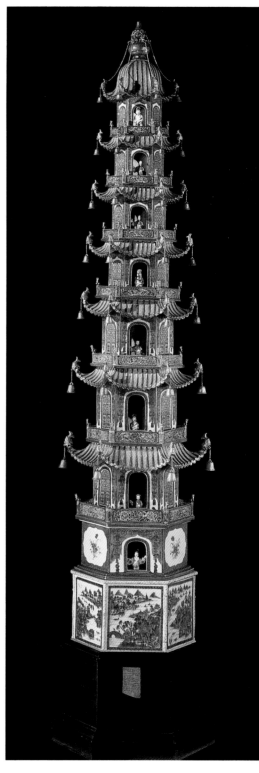

Auch der **japanische Wandschirm (30)** in der **Toshiba-Galerie japanischer Kunst** wurde speziell für den Export nach Europa gefertigt. Er stammt aus dem späten 17. Jahrhundert und ist mit Berglandschaften, Pavillons, Vögeln, Tieren und Figuren verziert. Japanische Exportartikel kamen Ende der 1560er Jahre nach Europa, zuerst mit den Portugiesen und dann mit den Holländern. Export-Lackwaren wurden von den wenigen Europäern, die sie sich leisten konnten, hoch bezahlt. Wahrscheinlich stammt diese Verkleidung aus der Sammlung des Hamilton Palasts, wie viele andere Stücke, die zuvor Eigentum William Beckfords (1760-1844) waren. Beckford war nicht nur als Roman-schriftsteller, sondern auch als einer der grössten europäischen Sammler japanischer Lackgegen-stände bekannt. Im 18. Jahrhundert zerschnitt man in Europa vielfach Lackschirme, um sie in Möbeln wieder zu verwenden. Ein derart intaktes Stück ist daher ungewöhnlich.

30. Lackierter japanischer Wandschirm
Toshiba-Galerie japanischer Kunst
FE.50-1980

In keinem Land war die Produktion von Schwertern eine derart gepflegte Kunstform wie in Japan. Als Kombination von tödlich und hoher ästhetischer Qualität werden sie von Sammlern in Japan und im Ausland geschätzt. Dieses **Schwert (31)** mit seiner Klinge aus dem 14. und üppigen Verzierungen aus dem 19. Jahrhundert gehörte Sir Harry Parkes (1828-85), dem britischen Minister in Japan von 1865 bis 1883. Für einen Ausländer war es eine enorme Ehre, mit einem Schwert ausgezeichnet zu werden. Sir Harry erhielt dieses Schwert aus der Hand des Meiji Kaisers selbst (Regierungszeit 1868-1912), vermutlich anlässlich seiner ersten Audienz bei dem Kaiser im Jahr 1868 (zu deren Anlass die britische Delegation auf dem Weg zum kaiserlichen Palast in Kyoto von einer ausländerfeindlichen Gruppe angegriffen wurde). Jüngste Nachforschungen über die Inschrift auf dem *Tsuba*, dem Querstück, deuten allerdings auf das Jahr 1871 hin, so dass das Schwert Sir Harry erst bei einer späteren Audienz überreicht worden sein kann.

Das V&A hat eine beeindruckende Sammlung von über 20.000 japanischen Holzschnitten. Diese Holzschnitte nennt man *Ukiyo-e*, 'Bilder der schwebenden Welt'. In der Edo-Epoche (1615-1868) bezog sich dieser Ausdruck auf die aufregenden und abwechslungsreichen Freuden modernen Lebens. Die Drucke galten als beliebte Erinnerungsstücke dieser Welt und zeigten insbesondere die berühmten Schauspieler und Kurtisanen der Vergnügungsviertel, im 19. Jahrhundert dann auch Landschaften und Legenden. Utagawa Kuniyoshi (1798-1861), der Künstler des hier gezeigten **Drucks (32)**, ist besonders für seine Darstellungen historischer und sagenhafter Szenen bekannt. Der Druck zeigt die Hexe Takiyasha aus dem 10. Jahrhundert, die ein ungeheuerliches Skelett des Todes heraufbeschwört. Da Holzschnitte sehr lichtempfindlich sind, können sie nicht lange ausgestellt werden. Sie werden daher in regelmässigen Abständen in der Toshiba-Galerie ausgetauscht.

31. Verziertes Schwert
Toshiba-Galerie
japanischer Kunst
M.13-1949

32. *Takiyasha, die Hexe, und der Tod* von Kuniyoshi
Toshiba-Galerie
japanischer Kunst
E.1333-1922 ▶

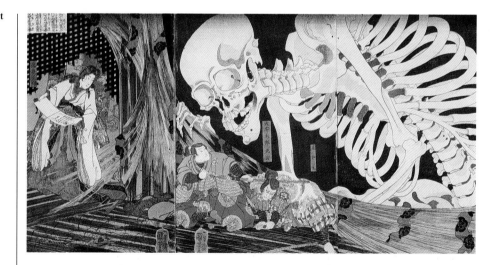

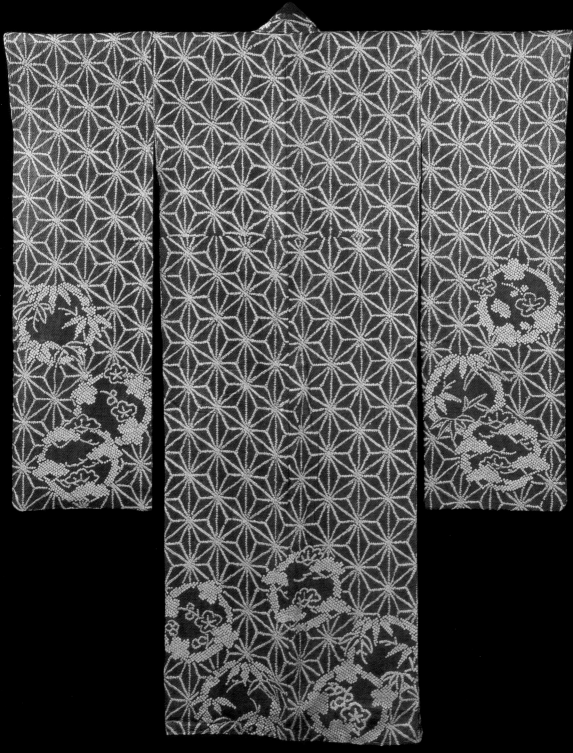

Zu lange starkem Licht ausgesetzt, verblassen die satten Farben der *Seidenkimonos*. Daher werden sie, wie auch die Drucke, regelmässig ausgetauscht. *Kimono* bedeutet 'das Getragene'. Während der Edo-Epoche (1615-1868) waren *Kimonos* die normale Kleidung beider Geschlechter aller Bevölkerungsschichten. Kleidungsstücke mit sehr langen Ärmeln, wie dieser hier abgebildete **Kimono (33)** aus dem 18. Jahrhundert, wurden *Furisode* oder 'schwingende Ärmel' genannt und von unverheirateten Frauen getragen. Junge Frauen trugen auch rot, das als besonders glanzvoll galt. Dieser *Kimono* wurde mit Saflor, einer der teuersten Farben, rot gefärbt. *Kimonos* werden entweder mit Stickereien überzogen oder erhalten ihr Muster, wie dieses Stück, mit Hilfe der Batiktechnik. Diese Technik heisst *Shibori*. Hierzu werden kleine Flächen des Stoffs abgebunden, so dass sie im Farbbad keine Farbe annehmen. Es war unwahrscheinlich teuer, einen ganzen *Kimono* mit dieser sorgfältig durch-zuführenden Technik zu färben. In den mode-bewussten Städten Japans spiegelte die Kleidung

Reichtum, Status und Stil wider, und die junge Frau in diesem *Kimono* machte gewiss auf sich aufmerksam.

Der Grossteil der Objekte in der Toshiba-Galerie zeugt von den künstlerischen Leistungen der Vergangenheit, wohingegen ein Ausstellungsstück die aufregenden Entwicklungen der Gegenwart aufzeigt. Diese eindrucksvollen Exemplare **moderner japanischer Keramiken, Metallarbeit und Korbflechterei (34)** gehören zu einer grossen und wachsenden Sammlung des zeitgenössischen japanischen Kunstgewerbes des Museums. Raku Kichizaemon XV. (geb. 1949) war Sohn einer berühmten Töpferfamilie, die schon im 16. Jahrhundert Keramiken für die Tee-zeremonien anfertigte. Während sich die Teeschale aus Steingut an traditionelle japanische Modelle anlehnt, sind der Korb mit Zypressen-spänen von Sekijima Hisako (geb. 1944) und die mit Blattgold überzogene Kupfervase von Hiramatsu Yasuki (geb. 1926) eher einem experimentellen Stil zugehörig.

33. Seidenkimono
Toshiba-Galerie
japanischer Kunst
◄◄ FE.32-1982

**34. *Flug* von
Hiramatsu, *Korb
Nr. 357* von Sekijima
und Teeschale**
Toshiba-Galerie
japanischer Kunst
FE.12-1995, FE.423-1992 und
FE.535-1992
▼

In der **T.T. Tsui-Galerie chinesischer Kunst** sind Meisterwerke einer der grössten und ältesten Kulturen der Welt ausgestellt. Das Modell **Kamel und Reiter (35)** aus der Zeit um 700-750 ist aus Ton und mit den charakteristischen Bleiglasuren der Tang-Dynastie (618-906) eingefärbt. Solche Kamele wurden in Grabmälern gefunden, oft mit Verpflegung für die Toten. Üppige Grabesgüter zeugten nicht nur vom Status und Reichtum des Beerdigten, sie spiegelten auch wichtige Aspekte des damaligen Lebens in China wider. Das zweihöckrige Kamel war, als Ost-West-Handelswege eröffnet wurden, für den Warentransport durch die Wüsten der Seidenstrasse unentbehrlich. Kamelfiguren symbolisierten daher den wirtschaftlichen und kulturellen Austausch, der in der kosmopolitischen Atmosphäre der Tang-Dynastie in China gedieh.

Im buddhistischen Glauben ist *Bodhisattva* ein heiliges Wesen, das den höchsten Zustand der Glückseligkeit, Nirwana, erreicht hat, jedoch wieder auf die Erde zurückkehrte, um der Menschheit zu helfen. Dieses vorzüglich geschnitzte Abbild des **Bodhisattva Guanyin (36)** sitzt völlig entspannt auf seinem Felsenthron und strahlt zugleich Gelassenheit und weltliche Zugänglichkeit aus. Guanyin hat seine Popularität unter chinesischen Gläubigen Jahrhunderte hindurch seiner entgegenkommenden Art und seinem Mitgefühl zu verdanken. Sein Name bedeutet 'der alles hört', also jedes Gebet erhört. Als das Museum die Skulptur 1935 erwarb, war sie mit einer Papierschicht überzogen, auf die Farbe und eine Vergoldung aufgetragen waren. Man fand heraus, dass dies ein grober Reparaturversuch gewesen war, und zwar zum Ende des 19. oder Anfang des 20. Jahrhunderts. Nachforschungen ergaben, dass Guanyin ursprünglich, etwa um 1200, einen leuchtend roten und grünen Rock, eine blaue Stola und eine goldene Krone trug. Später, in der Ming-Dynastie (1368-1644), wurde die Statue zweimal repariert und neu verziert und sah wie eine vergoldete Bronzefigur aus. Von der ursprünglichen Jin-Zeit

(1115-1234) blieb nur wenig übrig. Museumsrestaurateuren gelang es jedoch, einiges der roten Farbe und Goldes der Ming-Zeit-Restaurationen wieder zu gewinnen.

35. Kamel und Reiter aus Ton
T.T. Tsui-Galerie chinesischer Kunst
C.880-1936

36. Bodhisattva Guanyin
T.T. Tsui-Galerie
chinesischer Kunst
A.7-1935

Keine Epoche in der Geschichte Chinas hat soviel Faszination hervorgerufen wie die Ming-Dynastie (1368-1644). Dieser in Form und Verzierung einzigartige **Tisch (37)** ist eines der bedeutendsten Stücke aus dieser Epoche. Er ist eines der wenigen erhaltenen grösseren Möbelstücke aus der 'Orchard Werkstatt' in der Welt, das in der frühen Ming-Zeit nordwestlich der 'Verbotenen Stadt' in Peking (heute Beijing) gegründeten kaiserlichen Lackwerkstatt hergestellt wurde. Der Tisch trägt das Zeichen des Kaisers Xuande (1426-35) und war wahrscheinlich für einen kaiserlichen Palast bestimmt. Die eingeschnitzten fünfkralligen Drachen, beide durch das Entfernen einer Kralle an jedem Fuss seltsam verstümmelt, deuten auf eine kaiserliche Herkunft hin.

37. Lackierter Tisch
T.T. Tsui-Galerie
chinesischer Kunst
FE.6-1973

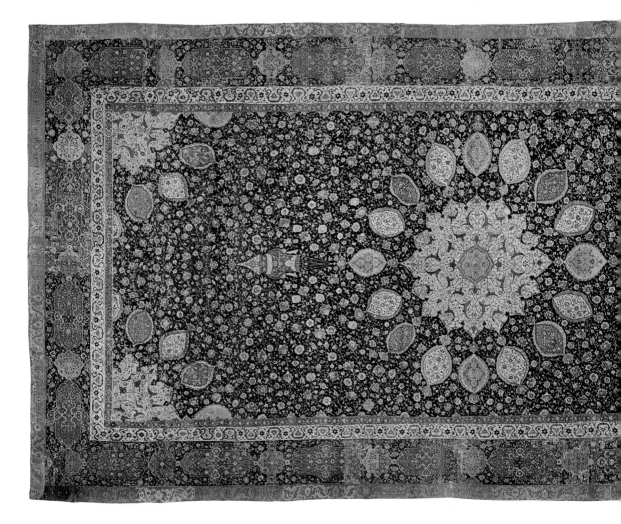

Die **Galerie des Vorderen Orients** enthält Ausstellungstücke mehrerer Länder, darunter Ägypten, die Türkei, Iran, Irak und Syrien. Der **Ardabil-Teppich (38)** ist einer der grössten und prächtigsten Perserteppiche der Welt. Er soll nach dem Schrein im nordwestlichen Iran benannt sein, in dem er benutzt worden war, und trägt eine Inschrift mit dem islamischen Datum 946 AH, was etwa 1539-40 entspricht. Fabelhaftes und harmonisches Design und die kunstfertige Webtechnik des 10,7 Meter langen und 5,3 Meter breiten Teppichs – mit 76,4 Kilometern Seidenkette, 124,7 Kilometer Seidenschussfaden und 29.559.600 Knoten – machten den Ardabil-Teppich zu einem spektakulären Erwerb, als er 1893 vom Museum zum atemberaubenden Preis von £2.000 gekauft wurde. Zu denen, die zum Kauf rieten, gehörte der viktorianische Designer William Morris, der ihn als 'von einzigartiger Perfektion...bei weitem der schönste Teppich, den ich je gesehen habe' beschrieb.

Diese **Schüssel (39)** ist aus Messing und mit Gold- und Silbereinlegearbeiten üppig verziert. Um den Rand herum hat sie acht Medaillons, die jagende Reiter und sitzende Figuren mit Halbmonden, die den Mond symbolisieren, darstellen. Am Rand selbst hat sie mit einem feinen Gittermuster mit Enten, im flachen Boden mit Musikern verziert. Die Inschriften an der Seite sind in *Thuluth* geschrieben und geben den Titel des Besitzers und dessen Ruhm und Wohlstand an. Die

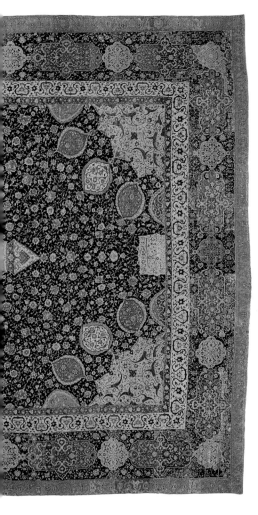

38. Der Ardabil-Teppich
Vorderer Orient,
Raum 42
◀ 272-1893

40. Bergkristallkanne
Vorderer Orient,
Raum 42
7904-1862 ▶

39. Messingschüssel mit Einlegearbeit
Vorderer Orient,
Raum 42
▼ 740-1898

Schüssel wurde etwa 1300 in Ägypten oder Syrien gefertigt und gehört zu einer Gruppe von ähnlichen Stücken, die wahrscheinlich dem rituellen Waschen dienten. Viele tragen die Titel wohlbekannter Herrscher, der Besitzer dieses Exemplars kann nicht identifiziert werden. Obgleich nicht gerade von herrschaftlicher Abstammung, war er zweifellos reich genug, um Arbeiten bei den besten Handwerkern in Auftrag zu geben.

Diese **Kanne (40)** ist aus einem einzigen Bergkristallblock geschnitten und von herausragender Qualität. Das exquisite Stück wurde in Ägypten Ende des 10. Jahrhunderts gefertigt und mit phantastischen Vögeln, Tieren und gedrehten Ranken verziert. Der Schatz des Kalifen Mostansir-Billah in Kairo, der 1062 zerstört wurde, soll u. a. aus 1.800 Bleikristallgefässen bestanden haben. Nur wenige sind erhalten, die von dem Reichtum und der Pracht der ägyptischen Kalifen künden. Dieses Stück ist sicherlich eines der feinsten.

Kacheln haben traditionsgemäss in der Kottomanischen Architektur eine wichtige Rolle gespielt, denn sie fügten monumentalen Gebäuden lebhafte Farben hinzu. Eines der bedeutendsten Zentren der Kachelherstellung war das türkische Iznik. Ende des 16. Jahrhunderts wurden hier einige der grossartigsten Kacheln hergestellt, die die vielen in der naheliegenden Hauptstadt Istanbul neu errichteten Gebäude schmücken sollten. Zu Beginn des 18. Jahrhunderts war die Industrie in Iznik so gut wie ausgestorben. Eine Gruppe gelernter Handwerker zog jedoch nach Istanbul und gründete die Tekfur Saray Fabrik, die Kacheln im früheren Stil herstellte. Hier wurde 1731 dieser grossartige **Kamin (41)** geschaffen. Er befand sich ursprünglich im Palast von Fuad Pacha, bis der Palast 1857 im grossen Brand von Istanbul zerstört wurde. Dieser Kamin ist ein wichtiges Exemplar unserer unvergleichlichen Sammlung von Kacheln und Töpferwaren aus dem Vorderen Orient.

Indische Skulptur ist eine Kunst, die zum Dienste der Religion geschaffen wurde. Buddhistische, Jaina und hinduistische Bilder wurden sowohl zu Ehren der verschiedenen Götter als auch zum Anrufen ihres Schutzes und guten Willens geschaffen. Die Skulpturen der verschiedenen Glaubensrichtungen unterscheiden sich vom Stil nicht, die Götter aber sind durch ihre Form und die von ihnen getragenen Attribute zu erkennen. Diese vergoldete Kupferskulptur zeigt **Buddha (42)** im Mönchsgewand mit erhobener rechter Hand, als wolle er die Gläubigen beruhigen. Die verlängerten Ohrläppchen, das Flammenmotiv auf seinem Schädel und das vielverheissende Mal auf seiner Stirn identifizieren ihn als den erleuchteten Prinz

▲
42. Buddha
Indische Skulptur,
Raum 47b
IPN.2639

Shakyamuni. Er steht auf einer doppelten Lotusblüte, dem buddhistischen Symbol der Reinheit. Diese Skulptur gehört zu den besten aus Südindien erhaltenen buddhistischen Metallskulpturen. Sie stammt aus dem 11. oder 12. Jahrhundert, als das Gebiet ein wichtiges buddhistisches Lernzentrum war. Orte wie die Hafenstadt Nagapattinam, der wahrscheinlichste Herkunftsort dieser Skulptur, erhielten königliche Gaben nicht nur von der dortigen Chola-Dynastie, sondern auch von buddhistischen Herrschern ausländischer Königreiche, wie Sailendra von Java. Dank der grosszügigen Schirmherrschaft königlicher und privater Spender wurden viele Bildnisse von Buddha geschaffen, aber nur wenige übertreffen die ruhige Majestät und Autorität dieser Figur.

Die Geschichte des Jainismus, eine der am wenigsten bekannten indischen Religionen, geht weiter zurück als die des Buddhismus, zumindest bis 700 v. Chr. Eine der 24 Jina, oder 'befreiten Seelen', dieses Glaubens, die 23. **Jina Parshvanatha (43)**, zeigt diese Skulptur. Bildnisse von Jina werden entweder in Meditation sitzend dargestellt oder, wie hier, in einer den Körper verlassenden Haltung, ein Akt strengster Busse auf dem Weg zur spirituellen Befreiung. Dieses Abbild Parshvanathas stammt aus dem 12. oder 13. Jahrhundert und gehört zur *Digambara*, der 'vom Himmel bekleideten' Sekte des Janaismus, deren asketische Anhänger allem weltlichen Besitz entsagen. Mit ihrem mehrköpfigen Schlangenbaldachin ist Parshvanatha von den 24 Jinas am leichtesten zu erkennen. Die Quelle für diese Darstellung stammt aus der Jain-Legende des Schlangenkönigs Dharana, der die Jina mit seinem gewundenen Körper und seinen sieben Köpfen beschützte. Gemäss der Inschrift am Fusse der Skulptur wurde sie anlässlich der Renovierung eines Jain-Tempels in Yalburga in Karnatake, Südindien unter der Herrschaft eines Mummudi Singa in Auftrag gegeben. Die Namen des Stifters und des Bildhauers sind verzeichnet, letzteres kommt in der indischen Kunst selten vor.

41. Gekachelter Kamin
Vorderer Orient,
Raum 47c
◀ 703-1891

43. Jina Parshvanatha
Indische Skulptur,
Raum 47b
931(IS) ▶

Kenntnis des indischen heiligen Tanzes. Die von Shiva Nataraja angenommene Haltung dieses Bildnisses ist direkt dem Tempeltanz entlehnt. Die Ringe um den Fuss der Skulptur dienten ihrer Sicherung bei Prozessionen. Bei rituellen Anlässen eines Hindu-Tempels wurden tragbare Bildnisse des obersten Gottes gebadet und angemessen bekleidet, bevor man sie auf speziellen Sockeln auf dem Tempelgelände umhertrug.

Skulpturen sind nur ein Teil unserer umfangreichen Sammlung indischer Kunst, eine der grössten ausserhalb Indiens selbst. Weitere Höhepunkte der Kollektion finden Sie in der **Nehru-Galerie**. Einige der spektakulärsten künstlerischen Leistungen stammen aus der Zeit des 1526 von Zahir ad-Din Muhammad Babur gegründeten Mughal-Reichs. Sein Enkelsohn Akbar wurde 1556 im Alter von 13 Jahren Herrscher Indiens. Bis zum Ende des 16. Jahrhunderts hatte er eine stabile Herrschaft errichtet und konnte sich so auf künstlerische Projekte konzentrieren, zum Beispiel illustrierte Bücher wie das *Akbarnama* (**45**). Seine Regentenzeit wurde um 1590 von dem Historiker Abul Fazl in Persisch, der Hofsprache, beschrieben. Der noch erhaltene Teil des königlichen Manuskriptes im V&A enthält auch 116 von Akbars talentiertesten Künstlern gemalte Miniaturen von blutigen Schlachten und wichtigen Anlässen bei Hofe, wie die Ankunft ausländischer Botschafter oder die Errichtung neuer Bauten. Für jede Seite waren normalerweise zwei Künstler verantwortlich, einer für die Komposition und der andere, jüngere, für die farbige Ausgestaltung. Auf manchen Seiten hat ein dritter Künstler speziell die Gesichter wichtiger Figuren hinzugefügt. Da diese Miniaturen sehr lichtempfindlich sind, werden die Seiten des *Akbarnama* in der Nehru-Galerie in regelmässigen Abständen ausgetauscht.

44. *Shiva Nataraja, die Gottheit des Tanzes*
Indische Skulptur,
Raum 47b
IM.2-1934

Diese ungefähr um 900 n. Chr. in Tamilnadu, Südindien, gefertigte Skulptur zeigt die Hindugottheit **Shiva** (**44**) beim *Nadanta-Tanz*, bei dem die Elementarkräfte des Universums zyklisch geschaffen, erhalten und zerstört werden. Von einem Flammenkreis umgeben tanzt Shiva auf dem Rücken des darniederliegenden Zwerges Apasmara, der für die Macht der Unwissenheit und des Materialismus steht. In seinen oberen Händen hält er eine Trommel und eine Flammenzunge, Symbole der sich ergänzenden Universalprinzipien Schöpfung und Zerstörung, während seine unteren Schutz und Heil darbieten. Ein Grossteil des Wissens um die Bedeutung der Gesten indischer Skulpturen stammt aus der

Akbars Enkelsohn, Shah Jahan, war der fünfte Mughal-Herrscher Indiens. Als bedeutender Schirmherr der Architektur ist er durch den Bau des Taj Mahals berühmt. Ausserdem war er Liebhaber von Edel- und Halbedelsteinen. Einige der wichtigsten erhaltenen Mughal-Jaden, von denen dieser **Weinkrug (46)** wohl der feinste ist, wurden für ihn gefertigt oder gehörten ihm. Laut der hauchdünn eingravierten Inschrift wurde er im Jahre 1067 des islamischen Kalenders, 1657 unserer Zeit, für Shah Jahan im 31. Jahr seiner Herrschaft angefertigt. Es war das Jahr, in dem er von seinem Sohn Aurangzeb abgesetzt und eingesperrt wurde, welcher daraufhin den Thron bestieg.

Textilien spielten in Indiens Kulturgeschichte eine wichtige Rolle. In der Sammlung des V&A befinden sich über 10.000 Stücke, die in regelmässigen Abständen ausgetauscht werden. Die Abbildung zeigt eine fein bemalte **Tagesdecke (47)** aus Baumwolle. Der Entwurf lehnt sich stark an die Bildtradition des Irans an und zeigt Adlige in persischer Kleidung sowie Figuren in indischer Tracht. Die Tagesdecke wurde um 1625-50 in Golconda, Südostindien, angefertigt. Dieses Gebiet war für die komplizierten Färbetechniken bekannt, die den indischen Textilien ihre hohe Wertschätzung gaben. Solche bemalten Textilien erregten zuerst die Aufmerksamkeit der British East India Company, die dann Anfang des 17. Jahrhunderts

47. Tagesdecke aus Baumwolle
Nehru-Galerie
indischer Kunst
IS.34-1969 ▶

46. Shah Jahans Weinkrug
Nehru-Galerie
indischer Kunst
▼ IS.12-1962

anfing, indische Textilien nach Europa zu exportieren. Die Muster waren dem europäischen Geschmack angepasst und entwickelten sich später zu den als Chintz bekannten bemalten Baumwollstoffen.

Der Verfall des Mughal-Reichs im 18. Jahrhundert brachte der East India Company mehr politische und militärische Kontrolle in Indien. Der **Turbanschmuck (48)** wurde Admiral Charles Watson am 26. Juli 1757 nach der Schlacht von Plassey vom Nawab of Bengal, Mir Ja'far Ali

48. Turbanschmuck
Nehru-Galerie
indischer Kunst
IS.3-1982

49. *Tippoos Tiger*
Nehru-Galerie
indischer Kunst
2545(IS) ▶

Mir Ja'far ersetzte. Als der neue Nawab sicher eingesetzt war, beschenkte er Clive und Watson. Watsons Juwel aus emailliertem Gold mit Diamanten, Rubinen, Smaragden und Saphiren sowie einem Perlanhänger war typisch für den zu dieser Zeit am Hofe in Murshidabad getragenen Schmuck. Er blieb im Besitz seiner Nachkommen, bis ihn das V&A 1982 bei einer Auktion erstand. Es handelt sich hier um seltene Exemplare indischen Schmucks des 18. Jahrhunderts.

Unter der Herrschaft Haidar Ali Khans und dessen Sohn, Sultan Tipu, war die Autorität der East India Company im 18. Jahrhundert in Südindien im Staate Mysore am meisten bedroht. Tipus militärische Tapferkeit und die Übernahme des Tigers als sein persönliches Wahrzeichen gaben ihm den Titel 'Tiger von Mysore'. Viele seiner Besitztümer waren mit Tigermotiven verziert, vom Thron bis zu seinen Waffen. Dieses aussergewöhnliche **Modell eines Tigers, der einen Mann zerfleischt (49)**, zeigt Tipus Faszination für Automaten und wurde vielleicht durch das grausame Schicksal inspiriert, das den Sohn eines alten Gegners, General Sir Hector Munro, in Bengalien widerfuhr. Der Körper des Tigers enthält eine Drehorgel, die sein Grollen und die Schreie des Opfers simuliert. Nach der Niederlage Tipus 1799 bei Seringapatam wurde der Tiger nach London gebracht und wurde zum bekanntesten Ausstellungsstück im Museum der East India Company. Dessen Exponate wurde später in das V&A übergeführt, wo Tipus Tiger noch heute bei den Besuchern äusserst beliebt ist.

Khan, überreicht. Diese Schlacht wurde unter dem Oberkommando von Robert Clive gefochten, um britische Handelsinteressen in Bengal zu schützen, indem man den rechtmässigen Herrscher, Siraj ad-Daula, absetzte und ihn durch

50. Der Thron des
Maharaja Ranjit
Singh
Nehru-Galerie
indischer Kunst
2518(IS)

Ranjit Singh, von den Briten 'Löwe der Punjabi' genannt, war ein ausser-gewöhnlicher Herrscher, der die kriegführenden Parteien des Punjab versöhnte und so eine mächtige und stabile Sikhnation schuf. 1801 wurde er Maharaja, er war aber für die Einfach-heit seiner Erscheinung und seiner Abneigung gegen Zeremonien bekannt. Er bevorzugte, mit gekreuzten Beinen auf Teppichen zu sitzen, als auf seinem **goldenen Thron (50)**. Sein Hof war einer der prächtigsten Indiens, viele europäischen Besucher lieferten lebensnahe Berichte über die reich geschmückten Militärführer, die mit Smaragden und Diamanten geschmückten Pferde und die teuren Kashmirbahnen, die seine Zelte zierten. Der Thron gehörte zu dem von den Briten bei der Annektierung des Punjab 1849 über-nommenen Staatsbesitz und wurde zusammen mit anderen Schätzen des indischen Reichs anlässlich der Weltausstellung 1851 gezeigt.

Kunstproduktion in **Nepal** war hauptsächlich auf die Newari beschränkt. Selbst vorwiegend Buddhisten, waren sie auch für die religiöse Kunst der Hindus verantwortlich. Ihr unübertroffenes Geschick für Metallarbeiten kann an diesen **Reliefs (51)** beobachtet werden. Sie bildeten ursprünglich das Mittelstück einer dekorativen Tafel über dem Eingang eines Hindu-Tempels oder der privaten Einfriedung eines Schreins. Garuda, der mythische Vogel, der dem Hindu-Gott Vishnu als heiliger Träger dient, bildet das zentrale Motiv. Garuda hat seine Flügel ausgebreitet, und seine ausgestreckten Krallen umklammern seine Feinde, die Schlangengeister *Nagā* und *Nāgiñ* Die Metallverzierung ist getrieben, die erhabenen Teile der Reliefs vergoldet und mit Bergkristall, Türkisen und Halbedelsteinen besetzt, um die Wirkung zu steigern.

51. Torreliefs
Südostasien und der Himalaja, Raum 47a
IM.142-1926

Zu **Südostasien** gehören Burma, Thailand, Laos, Vietnam, Kambodscha, Malaysia, Indonesien und die Philippinen. Diese Region als Handelszentrum profitierte von den grossen Ost-West-Handelswegen, die China mit Indien und dem Nahen Osten verbanden. Dieser **Behälter für Betel (52)** in Filigranarbeit aus getriebenem Gold, besetzt mit Rubinen und Smaragden, wurde im 19. Jahrhundert in Burma (jetzt Myanmar) angefertigt. Betel ist ein mildes, in ganz Asien verbreitetes Narkotikum, das aus den Früchten der Arekapalme und Limonen gewonnen, in ein Betelblatt gerollt wird. Der Behälter hat die Form des mythischen Vogels namens Karaweik. Seine Darstellung ist seit dem 7. Jahrhundert in der burmesischen Kunst nachweisbar; er soll die idealen buddhistischen Qualitäten Reinheit und Sanftheit besitzen. Obwohl Behälter dieser Art in Myanmar häufig verbreitet waren, ist dieses Stück von besonderer historischer Bedeutung, da es zu den vom letzten König, Thi-baw Min, benutzten burmesischen Herrschaftszeichen gehörte. Die Briten requirierten die Insignien Ende des dritten burmesischen Krieges, 1885, als Entschädigung. Von 1886 blieben sie in der Obhut des V&A, bis sie 1964 an Myanmar zurückgegeben wurden. Dieser Behälter wurde dem Museum von der Regierung und dem Volk von Myanmar als Anerkennung übergeben.

52. Betelbehälter in Form eines heiligen Vogels
Südostasien und der Himalaja, Raum 47a
IS.246-1964

Die Raphael-Galerie

Die Raphael-Galerie präsentiert die erhaltenen Entwürfe Raphaels (1483-1520) für die Wandteppiche, die Papst Leo X. 1515 für die Sixtinische Kapelle im Vatikan in Auftrag gab. Raphael war ein jüngerer Zeitgenosse Leonardo da Vincis und Michelangelos. Diese Entwürfe gehören zu den grössten Kunstwerken, die aus der Epoche der Hochrenaissance stammen. Die Entwürfe sind auch als 'Cartoons' bekannt, nach dem italienischen Wort cartone, was grosses Stück Papier bedeutet. Die Cartoons wurden in Streifen geschnitten, so dass sie den Webern als Vorbild für jeden Abschnitt des Wandteppichs dienen konnten. Erst 1699 wurden die Streifen zusammengeklebt und auf Leinwand gezogen. Die Darstellungen für die Entwürfe sind den Lebensgeschichten des heiligen Petrus und Paulus entnommen. **_Christus beruft Petrus zum Hirtenamt_ (53)** vereint zwei Szenen des Neuen Testaments. In der einen beauftragt Christus Petrus mit den Worten 'Weide meine Lämmer' in der anderen überreicht er ihm die Schlüssel des Himmels.

Die sieben Entwürfe zählen zu den grössten Kunstschätzen Grossbritanniens. Sie sind seit 1623 im Besitz der königlichen Familie und seit 1865 als Leihgaben im Museum.

53. _Einsetzung Petri in das Hirtenamt_ von Raphael
Raphael-Galerie, Raum 48a

Die Kostümgalerie

54. Bestickte Jacke und dazugehöriges Portrait der Margaret Laton
Kostümgalerie,
Raum 40
T.228-1994 and E.214-1994

Die Kostümgalerie präsentiert mehr als 400 Jahre europäischer Mode, von der Mitte des 16. Jahrhunderts bis heute. Die **bestickte Jacke und die Jacke der Dame auf dem Porträtbild (54)** aus dem frühen 17. Jahrhundert sind identisch. Es gibt zwar Jacken aus dieser Zeit und Portraits zeitgenössischer Damen, die welche tragen, solche Koinzidenz gibt es jedoch kein zweites Mal. Die Jacke gehörte ursprünglich Margaret Laton (1579-1641), der Ehefrau Francis Latons (1577-1661), der einer der 'Yeomen of the Jewel House' (Wächter des Juwelenhauses) zu Zeiten James I., Charles I. und kurzzeitig auch unter Charles II. war. Bestickte Jacken wurden als zwanglose Kleidung getragen und waren bei reichen Frauen Ende des 16. und Anfang des 17. Jahrhunderts besonders beliebt. Diese Jacke ist reich mit gestickten Blumen, Vögeln und Schmetterlingen, gewundenen Ranken aus farbiger Seide sowie mit geflochtenen vergoldeten Silberborten und Pailletten verziert. Die Kanten sind mit Spitze und Pailletten aus Silber und vergoldetem Silber abgesetzt. Das Porträt Margaret Latons mit dieser Jacke ist in Öl auf Eichenholz gemalt und stammt wahrscheinlich etwa aus dem Jahre 1620. Der Künstler ist unbekannt, aber das Portrait erinnert im Stil an Marcus Gheeraerts den Jüngeren (1561?-1635), dem erfolgreichsten Porträtisten seiner Zeit.

Diese grossartige **Garderobe (55)** wurde von James, Herzog von York (1633-1701), später König James II. (Regierungszeit 1685-8) im Jahr 1673 anlässlich seiner Hochzeit mit Maria Beatrice d'Este, Tochter des Herzogs von Modena, getragen. Die Garderobe wurde dem Gast Sir Edward Carteret als Geschenk überreicht. Nach dessen Tod ging sie in den Besitz der Sausmarez Familie über, von der sie 1995 vom V&A erworben wurde. Es ist äusserst ungewöhnlich für ein derart wichtiges Kleidungsstück aus den Kreisen der britischen Königsfamilie, über dreihundert Jahre hindurch unversehrt zu bleiben. Es ist aus Wolle und mit Silber- und vergoldetem Silberfäden bestickt. Ein seltenes Beispiel modischen Umschwungs kann man hier beobachten, wie der ausgesteifte Wams und die engen Kniehosen der Zeit um 1650-60 durch einen taillierten Rock und üppig geschnittene Kniehosen ersetzt. Die weiten Kniehosen haben breite Aufschläge, die mit einer Reihe Schnüre und Knöpfe aus vergoldetem Silber zusammengehalten werden.

Der **Reifrock à coudes (56)** war eine Robe, die man über einem Petticoat trug, der zur Schau und nicht als Unterkleid gedacht war. Er wurde in den Jahren um 1670 ursprünglich als loses, zwangloses Kleid entworfen, hatte aber in den Jahren um 1740 eine sorgfältig erstellte Form und war inzwischen zu einem normalerweise bei Hof oder zu feierlichen Anlässen getragenen Kleidungsstück geworden. Im 18. Jahrhundert wurde der Rock über grossen Seitenreifen, Paniers, von ungewöhnlichen Ausmassen getragen. Der Petticoat dieses Kleidungsstücks ist aus sieben Bahnen Seidenstoff gearbeitet und über einem verstellbaren Reif zu einer Breite bis maximal 1,3 Meter drapiert. Selbst 1710 machten sich Spötter über diese erstaunlichen Kleidungsstücke lustig. 1713 stellte jemand fest, dass eine Dame, wenn sie fallen sollte, wie 'eine umgekehrte Glocke ohne Klöppel' aussehe. Isabella Courtenay soll das Galakleid auf ihrer Hochzeit am 14. Mai 1744 in der Kathedrale von Exeter getragen haben.

55. Hochzeitsgarderobe James II.
Kostümgalerie, Raum 40
T.771-1995

In der Kostümgalerie sehen Sie ausserdem modische Accessoires wie Schuhe, Hüte und Fächer. Dieser grüne seidene **Brisé-Fächer (57)** um 1620-40 kommt aus Italien und ist das älteste Exemplar unserer Sammlung. Fächer wurden in Japan und China bereits im 10. Jahrhundert v. Chr. hergestellt, kamen jedoch erst in der zweiten Hälfte des 16. Jahrhunderts nach Europa. *Brisé* bezeichnet einen Fächer, der

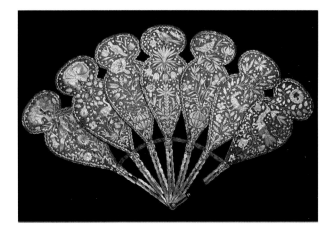

ganz aus verzierten Stäben hergestellt ist, ohne ein Fächer-'Blatt'. Die einzelnen Stäbe dieses Fächers sind wie Federn geformt und mit delikaten Strohapplikationen von exotischen Vögeln und Blumen dekoriert. Anfang des 17. Jahrhunderts wurden Stroharbeiten dieser hohen Qualität in der Umgebung von Florenz hergestellt. Zu dieser Zeit waren *Brisé-* und gefaltete Fächer gleichermassen beliebt. Obwohl viele Porträtbilder dieser Zeit Fächer zeigen, sind nur sehr wenige erhalten geblieben.

56. Reifrock à coudes
Kostümgalerie,
Raum 40
◀ T.260-1969

57. Brisé-Fächer
Kostümgalerie,
Raum 40
▲ T.184-1982

Das **Abendkleid (58)** wurde von Lucile (Lady Duff Gordon)(1862-1935) aus Satin, Chiffon und Samt kreiert. Lucile, die Schwester der Romanschriftstellerin Elinor Glyn, autodidaktische Modeschöpferin, öffnete ihr erstes Geschäft im Jahr 1895 in der Londoner Burlington Street. Sie machte sich schnell einen Namen mit ihren romantischen Teekleidern und märchenhaften Festkleidern. Auf dem Höhepunkt ihres Erfolges hatte sie Filialen in New York und Paris. Sie entwarf auch Theaterkostüme. Lucile wurde stark von historischen Stilen, insbesondere von denen des 18. und 19. Jahrhunderts, beeinflusst. Dieses etwa 1912-13 geschneiderte Kleid gehört zu ihren eher zurückhaltenden Ausführungen. Es ist hochtailliert im 'Directoire' Stil geschneidert, der zwischen 1790 und 1810 Mode war. Lucile hatte einen Hang zum Unkonventionellen und man hielt sie für sehr 'gewagt'. So war sie beispielsweise eine der ersten Modeschöpferinnen, die ihre Kleider an lebenden Modellen vorführte, was damals viel Aufsehen erregte.

Dieses **Kostüm (59)** wurde das erste Mal anlässlich Christian Diors erster ertragbringender Kollektion im Frühjahr 1947 vorgeführt und gehörte zu den beliebtesten Entwürfen, die später als 'Neuer Look' bekannt wurden. Vollkommen im Gegensatz zu den strengen Mustern der Kriegsjahre verwendete Dior grosszügig Mengen erlesener Stoffe und komplizierte Innenstrukturen, um diesen Stil mit seinen übertriebenen Formen zu erzielen. Die cremefarbene Seidenjacke ist so geschnitten, dass sie eng über der schmalen, nur 46 Zentimeter breiten Taille anliegt. Die untere Innenseite ist verstärkt und ausgepolstert, um über den Hüften die charakteristischen Kurven zu bilden. Der schwarze Rock aus Wollcrepe ist sehr füllig und misst um den Saum 7,3 Meter. Dieser aufsehenerregende neue Stil wurde mit gemischten Gefühlen aufgenommen. Regierungsbeamte waren in Aufruhr darüber, wie ihrer Meinung nach knappe Mittel verschwendet wurden und einige Frauen beschwerten sich, dass er nicht zeitgemäss sei. Die meisten Frauen waren jedoch begeistert und trugen bald abgeänderte Versionen.

58. Abendkleid von Lucile
Kostümgalerie, Raum 40
◄ T.31-1960

59. Kostüm von Dior
Kostümgalerie,
Raum 40
◀ T.376 and 377-1960

60. Kleid von Miyake
Kostümgalerie,
Raum 40
T.231-1992 ▶

Von seiner ersten Schau 1971 an war Issey Miyake (geb. 1935) eine treibende Kraft in der neueren Modeentwicklung, denn er vereinte Elemente des traditionellen Designs seines Heimatlandes Japan mit absoluter Modernität. Dieses **Kleid (60)** stammt aus seiner 1990er Kollektion genannt 'Rhythm Pleats'. Miyake

schuf hier zwei- und dreidimensionale Formen durch geometrisches Zuschneiden und Ausnutzung der linearen Qualitäten der Falten. Das Kleidungsstück soll sich mit seinem Träger bewegen und dabei eigene Formen annehmen, die den Körper weder verbergen noch preisgeben. Miyake stellte seine Kollektion 1990 auf einer einflussreichen Modeschau vor, bei der Kleider sowohl an dreidimensionalen Modellpuppen als auch flach.

Die britischen Galerien

Die **britischen Galerien** beherbergen die aussergewöhnliche Sammlung von Kunstwerken von der Tudorzeit bis zur Viktorianischen Epoche. Heinrich VIII., der 1509 König wurde, war ein enthusiastischer Mäzen. Viele für ihn und seinen Hof gefertigte Luxusgegenstände zeugen vom Einfluss der Renaissance auf dem Kontinent. Der König benutzte diesen mobilen **Schreibkasten (61)** wahrscheinlich selbst, der um 1525-6, entstanden ist. Er ist üppig mit dekorativen Motiven geschmückt und ganz mit vergoldetem Leder bezogen, dessen gemalte Figuren und Profilköpfe mit den zeitgenössischen Miniaturen Lucas Horneboltes (ca. 1490-1544), eines Künstlers aus Ghent, zu vergleichen sind. Mars und Venus mit Cupido basieren auf Holzschnitten des deutschen Künstlers Hans Burgkmair (1473-1531). Der Kasten trägt ausserdem das Wappen und persönliche Emblem Heinrichs VIII. und dessen erster Ehefrau, Katharina von Aragon. Diese Embleme spielen auf Besitztum und Treue an und ähnliche schmückten viele der Residenzen Heinrichs VIII. An der Innenseite des Deckels befindet sich eine lateinische Inschrift: 'Gott der Königreiche, grosser Beschützer der Amtsgewalt der christlichen Kirche, schenke deinem Diener Heinrich VIII., König von England, Sieg über seine Feinde'.

Dieser reich verzierte **Pokal (62)**, dessen Deckel mit einer Figur des heiligen Georgs, des Drachentöters, geschmückt ist, gehört zu den wenigen Überresten, die für den Tudorhof geschaffen wurden. Der elfenbeinerne Becher soll dem 1170 in seiner Kathedrale ermordeten Thomas Becket, dem Erzbischof von Canterbury, gehört haben. Derartige Reliquien des beliebtesten Heiligen Englands wurden bis zur Reformation verehrt. Als die silberne Fassung 1525 in Auftrag gegeben wurde, wurde der Goldschmied angewiesen, die Initialen TB mit einer Mitra, zu Ehren Beckets, auf den Deckel einzugravieren. Diese alternieren mit dem Granatapfelemblemen der Katharina von Aragon. Man könnte daraus schliessen, dass sie selbst diesen Pokal in Auftrag gegeben

hat. Die Gravierungen des Pokals gehen auf Stiche von Hans Burgkmairs zurück und zeigen die rasche Verbreitung von bildlichen Vorlagen in der ersten Hälfte des 16. Jahrhunderts und deren Einfluss auf die englische Goldschmiedekunst. Der Pokal gelangte später in den Besitz von Henry Howard, Graf von Northampton († 1614), und verblieb in seiner Familie, die katholisch und als kunstsinnig bekannt war, bis er 1931 vom Museum erworben wurde.

61. Schreibkasten Heinrichs VIII.
Grossbritannien 1500-1750, Raum 52
W.29-1932

EXHIBITIONS & DISPLAYS

Henry Cole Wing
HOGARTH AFTER HOGARTH: a legacy of inspiration
Prints Gallery, Level 2, until 22 March

COLOURS OF THE INDUS: Costume and Textiles of Pakistan
Levels 2 and 3, until 29 March

SKETCHBOOKS AND SKETCHING IN BRITAIN 1750-1900
Watercolour Gallery, Level 6, until 12 April

JOHN CONSTABLE: Open to the Sky
Level 6, until 26 April

Crafts Council Shop
Gifts for Valentines
21 January until 14 February

Dress Collection
DAZZLE AND DARE: Japanese Kimono in the Taisho Style
until 22 February

Gallery 70
ART OR LITTER
until 12 April

Gallery 95
TREAD SOFTLY: Shoes from the V&A's Collections
until 13 April

Gallery 98
JAPANESE MASKS: Ritual and Drama
until November

Gallery 129
NEW FINNISH GLASS
until April

Gallery 126
CHAIRS FOR A PURPOSE
until July

Link corridor (below Exhibition Road entrance)
MARVELS FROM THE KRAZY KAT ARKIVE
until 1 March

National Art Library Landing
QUEEN MARY COLLECTION OF CHILDREN'S BOOKS
until 1 March

Restaurant corridor (Room 154)
BEATRIX POTTER – a changing display from the V&A Collections
until 16 a year

19-1-98

permanent – changed 3 times a y...

Restaurant Foyer
NATIONAL ART LIBRARY ILLUSTRATION AWARDS
until 1 February

V&A

62. Der Howard Grace Pokal
Grossbritannien
1500-1750,
Raum 52
◀ M.2680-1931

schuhe dieser Art waren äusserst selten. Die exquisite Qualität dieser Handschuhe lässt vermuten, dass sie professionell gearbeitet wurden.

63. Bestickte Samt-handschuhe
Grossbritannien
1500-1750,
Raum 53
1507-1882 ▶

Diese schönen, zwischen 1580 and 1600 **gefertigten Handschuhe (63)** sind mit der königlichen Familie verbunden. Angeblich hat Königin Elizabeth I. sie ihrer Brautjungfer, Margaret Edgcumbe, geschenkt. Zu dieser Zeit verschenkte man oft reich verzierte Handschuhe als Zeichen von Respekt und Dankbarkeit. Ihre hinreissende, aber unpraktische Verzierung lässt vermuten, dass sie eher als Statussymbol als zum Tragen gedacht waren. Auf vielen Porträts dieser Zeit werden Handschuhe in den Händen gehalten. Normalerweise waren Handschuhe aus feinem Leder, mit seidenen Stulpen, und laut zeitgenössischer Aussagen, oft 'parfümiert'. Samthand-

64. Das Paradebett aus Ware
Grossbritannien
1500-1750,
Raum 54
◀ W.47-1931

65. John Evelyns Kabinettschrank
Grossbritannien
1500-1750,
Raum 55
W.24-1977 ▶

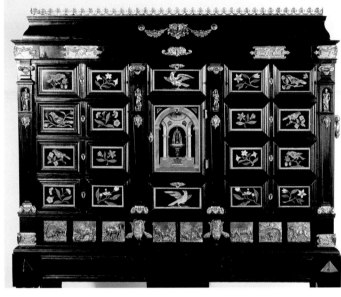

Das **Paradebett von Ware (64)** ist wohl das berühmteste englische Möbelstück der Welt. Wie bei vielen Objekten dieser Zeit basieren die geschnitzten Ornamente am Bett auf Stiche vom Kontinent. Das Bett war wahrscheinlich ursprünglich mit kräftigen Farben bemalt, denn man kann noch Spuren davon an der Unterseite des Baldachins finden. Der Entwurf der Einlegearbeiten ist den Stichen des holländischen Künstlers Hans Vredeman de Vries (1527-1604) entlehnt. Die Arbeit wurde wahrscheinlich von einem hier arbeitenden deutschen Handwerker angefertigt. Das Bett wurde um 1590-1600 für eines der Gasthäuser in Ware, Hertfordshire, hergestellt. Seine enorme Grösse sollte Aufmerksamkeit erwecken und Kunden unter den nach London Reisenden anlocken. Es kam zu erstem Ruhm, als Shakespeare es in seinem Stück *Die zwölfte Nacht*, erwähnte, das 1601 das erste Mal aufgeführt wurde, in welchem Sir Toby Belch ein Laken als 'gross genug für das Bett von Ware' beschreibt.

Der **Kabinettschrank (65)** wurde für den Memoirenschreiber John Evelyn (1620-1706) angefertigt. Er ist ein frühes Exemplar dieser Gattung, das von einem Engländer auf seiner 'Grand Tour' in Europa in Auftrag gegeben wurde. Wahrscheinlich ist er in Frankreich gefertigt und ist mit den von Evelyn 1644 in Florenz erworbenen *Pietre-dure* Arbeiten von Domenico Benotti geschmückt. Das kleine Möbel wurde dann vergrössert, um die Bronzereliefs mit Orpheus, wie er vor den Tieren singt, aufzunehmen. Das Manuskript von Evelyns Tagebuch wurde erst am Anfang des 19. Jahrhunderts veröffentlicht, lange nach seinem Tod. Die Bedeutung von John Evelyn wurde danach erst voll anerkannt und auch sein Kabinettschrank scheint diesen Ruhm geteilt zu haben. Er wurde weiterhin vergrössert und verschönert.

Die britischen Galerien enthalten nicht nur individuelle Stücke, sondern auch ganze Einrichtungen von englischen Stadt- und Landsitzen. Damit ist die Möglichkeit gegeben, diese Objekte in ihrem Ambiente auszustellen. Einer der feudalsten Räume ist das **Musik-zimmer des Norfolk House (66)**. Das Haus im St. James's Square in London wurde von Matthew Brettingham (1725-1803) für den 9. Herzog und Herzogin von Norfolk entworfen. Das Äussere des Hauses erschien zwar eher

streng, die Innenausstattung von Giovanni Battista Borra (1712-86) aus Piemont in Italien war jedoch prunkvoll. Für die geschnitzte Täfelung und die Spiegelrahmen war der Franzose Jean Cuenot (tätig 1744-62) verantwortlich, während die die Künste und Wissenschaften symbolisierenden Trophäen an der Decke des Musikzimmers von James Lovell (tätig 1750-80) sind. Horace Walpole (1718-97) bemerkte bei der feierlichen Eröffnung des Norfolk House im Februar 1756, dass 'die

66. Das Musikzimmer aus dem Norfolk House
Grossbritannien
1500-1750,
Raum 58
W.70-1938

Beleuchtung, die Fenster, die Helligkeit und Neuheit der Ornamente und der Decken bezaubernd' seien.

Obwohl zur gleichen Zeit entstanden wie die Innenausstattung des Norfolk House, war das Ambiente für dieses aussergewöhnliche **Bett (67)** sicherlich sehr verschieden. Es wurde vom 4. Herzog und der Herzogin von Beaufort für das chinesische Schlafzimmer im Badminton House, Gloucestershire, in Auftrag gegeben. Bereits im frühen 17. Jahrhundert waren die Europäer von den chinesischen Importen der holländischen und britischen East India Kompanien fasziniert. Designer und Handwerker wurden durch sie inspiriert; begannen sie zu imitieren und ihre eigenen äusserst phantasievollen Vorstellungen der östlichen Stilform zu kreieren. Das Bett gehörte zu einer Möbelgarnitur, die von William (c.1703-63) und John (1729-96) Linnell etwa 1754 hergestellt wurde. Es hat einen pagodenartigen mit Drachen geschmückten Baldachin und besitzt noch weitgehend die ursprüngliche Farbigkeit in rotem, blauen und goldenen Japanlack. Die gelben Seidenstoffe sind jedoch modern. Mitte des 18. Jahrhunderts bevorzugte man den exotischen chinesischen Stil besonders für die Schlaf- und Ankleideräume der Damen.

67. Das Paradebett aus Badminton
Grossbritannien
1750-1900,
Raum 125
W.143-1921 ▶

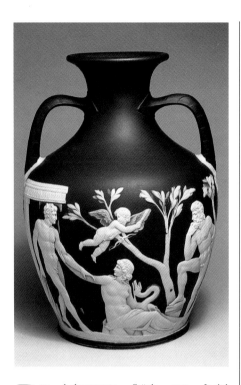

Dieses grossartige **Tee- und Kaffeeservice (69)** im neoklassizistischen Stil zeigt, dass die englische Gesellschaft im 18. Jahrhundert Gäste einlud, um Status und Reichtum zur Schau zu stellen. Das Service trägt die Wappen des berühmten Schauspieleragenten David Garrick (1717-79) und seiner Frau Eva Maria Veigel. Von einigen ihrer Zeitgenossen als Hochgekommene betrachtet, gehörten die Garricks dennoch zu den literarischen, künstlerischen und aristokratischen Kreisen, in denen man, um glaubwürdig zu bleiben, in Kleidung und Einrichtung en Vogue sein musste. Einer noch erhaltenen Rechnung zufolge kostete das Service die damals ziemlich hohe Summe von £88 14s. Es wurde 1774-5 hergestellt und könnte für das neue vom berühmten Architekten Robert Adam (1728-92) entworfene Haus der Garricks im Adelphi beauftragt worden sein. Die Decke des Salons, in dem das Service sehr wohl hätte benutzt sein können, wurde vor dem Abbruch des Adelphi gerettet und ist in der Nähe ausgestellt.

68. Kopie der Portland-Vase von Wedgwood
Grossbritannien
1750-1900,
Raum 123
◀ 2418-1901

69. Teile eines Tee- und Kaffeeservice des David Garrick
Grossbritannien
1750-1900,
Raum 122
▼ M.74-1973

Das bekannteste Stück von Josiah Wedgwood (1730-95) war seine Kopie der **Portland-Vase (68)**. Die Originalvase aus geschliffenem Glas entstand etwa 30-20 v. Chr. und war zu Wedgwoods Zeiten das berühmteste Gefäss der römischen Zeit. Der Bildhauer John Flaxman (1755-1826) beschrieb die Vase als 'das feinste Kunstwerk, das jemals nach England gebracht wurde und der Gipfel der Perfektion sei, die er doch anstrebe'. Wedgwood stellte Kopien der Vase in Jaspisware her, dem feinen Steingut, das man heute mit seinem Namen verbindet. Sein Geschick, die feinen Reliefschnitzereien der Originalvase in diesem Material zu schaffen, bedeutete eine erstaunliche technische Leistung. Nach jahrelangen gewissenhaften Versuchen meisterte Wedgwood 1790 die 'Erstausgabe' der Vase, seine letzte wichtige Leistung. Diese Vase hier soll aus der Sammlung von Wedgwoods Enkel, des Naturforschers Charles Darwin (1809-82), stammen.

70. Porzellanvase
Grossbritannien
1750-1900,
Raum 120
◀ 47-1869

71. *Bashaw* von Wyatt
Grossbritannien
1750-1900,
Raum 120
▼ A.4-1960

Bashaw (71), ein Neufundländer, musste über fünfzig Mal für diese Plastik 'Modell sitzen'. Sein Besitzer, Lord Dudley and Ward, gab die Marmorskulptur bei Matthew Cotes Wyatt (1777-1862) 1831 in Auftrag, um sie in seinem Haus in der Park Lane auszustellen. Leider starb er 1833, ein Jahr vor ihrer Vollendung, woraufhin sie bis zum Tode des Bildhauers 1862 in dessen Besitz blieb. Obwohl Hunde im 19. Jahrhundert ab und zu gemalt wurden, ist diese lebensgrosse Skulptur einzigartig. 1851 wurde sie zur Weltausstellung in London präsentiert, betitelt *Der treue Freund des Menschen, der seinen heimtückischsten Feind am Boden zertritt*. Die Schlange aus Bronze zu seinen Füssen symbolisiert den Feind des Menschen. Der gelassene Ausdruck des Hundes und das elegante Kissen, auf dem er steht, stehen in krassem Kontrast zur geballten Energie der Schlange.

Die erstaunliche **Vase (70)** kommt aus Rockingham, wo sie in der für ihr reiches und extravagantes Porzellan bekannten Manufaktur hergestellt wurde. Sie wurde 1826, nur ein Jahr, nachdem man dort mit der Herstellung von Porzellan begann, angefertigt und gehörte zu einem Paar riesiger 'Duftvasen', die alle Aspekte technischer und künstlerischer Leistungsfähigkeit der Fabrik zur Schau stellen sollten. Eine der Vasen wurde in der Fabrik ausgestellt, die andere, von Edwin Steele mit exquisiten Blumen bemalte, soll in den Londoner Schauräumen der Firma in Piccadilly ausgestellt gewesen sein, wo sie sicher viel bewundert wurde. Das Museum erstand sie 1869 für eine enorme Summe. Es ist ein Rätsel, warum man ausgerechnet ein gepanzertes Nashorn als Verzierung für eine zerbrechliche Porzellanvase gewählt hat.

Auch dieses von Augustus Welby Northmore Pugin (1812-52) entworfene und von J.G. Crace angefertigte **Schaubuffet (72)** war auf der Weltausstellung von 1851 zu sehen. Die Schilde am oberen Rand und die geschnitzten Motive lehnen sich an mittelalterliche Vorbilder an. Viele Designer der viktorianischen Zeit bezogen ihre künstlerische Inspiration von mittelalterlichen Kunstwerken. Pugin war wohl der tiefste und leidenschaftlichste Vertreter des neugotischen Stils. Er war ein äusserst produktiver Designer, der wohl am bekanntesten wegen der Gestaltung der Fassaden des Parlamentsgebäudes ist. Er war ein rastloser Arbeiter, der sich früh verausgabte und im Alter von nur vierzig Jahren starb, ein Jahr nach Fertigstellung dieses Schranks. Das Museum erwarb den Schrank 1851 direkt von der Weltausstellung als eines seiner frühesten Ankäufe.

72. Anrichte von Pugin
Grossbritannien
1750-1900,
Raum 120
25-1852

73. Anrichte von Godwin
Grossbritannien
1750-1900,
Raum 119
Circ.38-1953

Die überwiegend geometrische Form und die schlichten Flächen dieser **Anrichte (73)** unterscheiden sich sehr im Vergleich mit Pugins Buffet. Es ist daher schwer zu glauben ist, dass das von E.W. Godwin (1833-1880) entworfene Möbel weniger als 20 Jahre später entstanden ist. Godwin war einer der wichtigsten Vertreter des viktorianischen Japonismus. Japan begann um ca. 1850 mit dem Westen zu handeln. Bereits im nächsten Jahrzehnt waren importierte japanische Druckgraphik, Keramiken und Textilien in Grossbritannien Mode. Godwin wurde von japanischer Druckgraphik, die Innenausstattungen zeigten, und dem Studium der japanischen Architektur beeinflusst. Er wollte allerdings nicht das japanische Vorbild imitieren, sondern mit seinen Möbeln allgemein die Prinzipien der Einfachheit und Eleganz, die er so in der japanischen Kunst schätzte, mit den praktischen Bedürfnissen des Wohnhauses in England vereinen.

Die Galerie des 20. Jahrhunderts

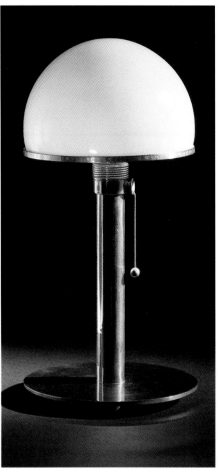

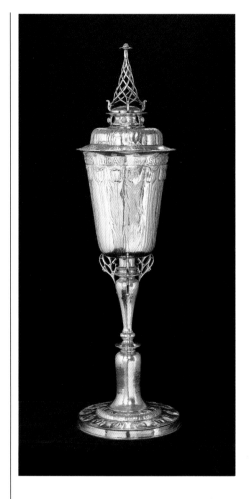

74. Tischlampe
20. Jahrhundert,
Raum 74
◀ M.28-1989

**75. Der Painter-
Stainers Pokal**
20. Jahrhundert,
Raum 74
M.106-1966 ▶

Die Galerie des 20. Jahrhunderts vereint einige der bedeutendsten und bemerkenswertesten Objekte von 1900 bis heute. Das Bauhaus, die 1919 in Weimar begründete Schule, hatte eine revolutionäre Auswirkung auf das Design des 20. Jahrhunderts. Diese **Tischlampe (74),** bezeichnet MT8, wurde ungefähr 1924 in der Schule entworfen. Sie zeugt vom entscheidenden Einfluss des Ungarn Laslo Moholy-Nagy (1895-1946), der ein Jahr zuvor als Meister der Metallwerkstatt am Bauhaus ernannt wurde. Er änderte Lehrpraktiken des Instituts grundlegend. Das Metallstudio wurde zur 'Werkstatt industriellen Designs'. Die Studenten wurden ermutigt, Probleme mit Hilfe der Geometrie anzugehen

und mit neuen Materialien zu experimentieren, anstatt nur dekorative Lösungen zu akzeptieren. Von allen im Bauhaus entstandene Entwürfe sind wohl nur wenig so formvollendet und für die Prinzipien des Bauhauses so überzeugend wie diese Lampe von Wilhelm Wagenfeld (1900-90). Geometrisches Design, raffinierte Proportionen und die Verwendung industrieller Materialien machen sie zu einer Ikone des Maschinenalters wie auch zu einem rein funktionellen Lichtspender.

In dem Mass wie die Bauhaus-Lampe für die klassische Moderne steht, so scheint der **Painter-Stainers Pokal (75),** der 1900-1901 entstand, die Vergangenheit zu invozieren. Der

Pokal wurde von Charles Robert Ashbee (1863-1942) entworfen, der einen radikalen und weitreichenden Einfluss auf europäische Metallarbeiten des 20. Jahrhunderts ausübte. Ashbee war sehr stark von den Idealen und Theorien von William Morris und der Kunstgewerbe-

Viele der bedeutendsten und einflussreichsten Künstler des 20. Jahrhunderts haben Bücher illustriert und produziert. *Klänge* **(76)** von Wassily Kandinsky (1866-1944) wurde 1913 in München veröffentlicht, wo der Künstler lebte, seit er seine Heimat Russland

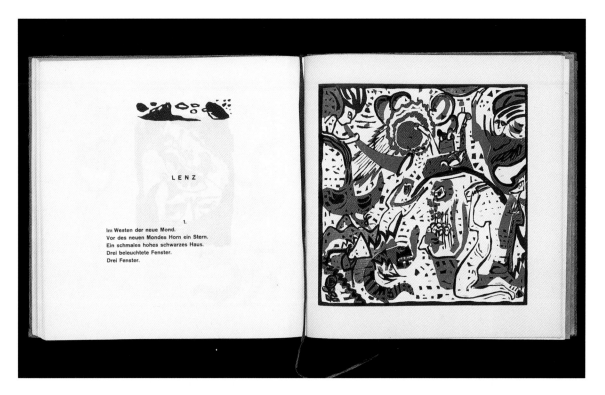

LENZ

1.
Im Westen der neue Mond.
Vor des neuen Mondes Horn ein Stern.
Ein schmales hohes schwarzes Haus.
Drei beleuchtete Fenster.
Drei Fenster.

76. *Klänge* **von Kandinsky**
©*ADAGP, Paris und DACS, London 1996*
20. Jahrhundert,
Raum 74
L.4200-1960

bewegung angezogen. 1888 gründete er die 'Guild of Handicraft', ein kooperatives Unternehmen, mit dem Ziel, sozial und demokratisch zu sein und das kreative Potential der Handwerker zu fördern. Ungeachtet dieser bewundernswerten egalitären Prinzipien war Ashbee war während der 20 Jahre des Bestehens der dominierende Designer des Unternehmens. Sein reifer Stil, der sich in dem Silberpokal mit Halbedelsteinen und emaillierten Verzierungen widerspiegelt, zeugt von delikater Qualität. Der Pokal wurde 1900 von Harris Heal, von der Familie Heal, die im Einrichtungsgewerbe tätig war, zum Andenken an seine Arbeit als Meister der Painter-Stainers Company in Auftrag gegeben.

1897 verlassen hatte. Kandinsky war einer der ersten Künstler abstrakter Malkunst, für die Farben und Formen eine spirituelle Dimension hatten, die über physische Realität hinausgeht. *Klänge* reflektiert Kandinskys Interesse an der Relation von musikalischer Kreation und Malerei. Die Illustrationen des in begrenzter Auflage erschienenen Buches, angeblich die ersten veröffentlichten abstrakten Kompositionen, suchen die Beziehung zwischen Klängen, Farben und Bewegung darzustellen. Das Buch verfügt zwar über äusserst innovative Bilder und Ideen, wurde aber mit sehr traditionellen Methoden geschaffen. Es wurde im Holzschnittdruckverfahren, der ältesten Drucktechnik hergestellt.

77. Schrankwand von Eames und Eames
20. Jahrhundert,
Raum 73
◀ W.5-1991

Viele der Ausstellungsstücke in der Galerie des 20. Jahrhunderts sind entweder Unikate oder wurden nur in begrenzten Mengen geschaffen. Einige sollten jedoch dem wachsenden Anspruch des Massenmarktes dienen. Diese **Schrankwand (77)** wurde vom amerikanischen Ehepaar Charles (1907-78) und Ray (1913-88) Eames entworfen, das besonders mit ihren Möbelentwürfen für die Massenproduktion erfolgreich war. Sie entwickelten komplizierte technologische Vorgänge zur Herstellung ihrer Möbel, wie beispielsweise das Verwenden von Formsperrholz und Gussmetall.

Die Sperrholztüren dieser etwa 1949 gefertigten Schrankwand haben runde geformte Vertiefungen, die nicht nur der Zierde sondern auch der Verstärkung dienen. Das Möbel vereint offene Regale und Schränke und kann als Raumteiler dienen. Das Konzept von Anbau- und Mehrzweckmöbeln war in den 50er Jahren neu und ein Zeichen des veränderten Lebensstils. Das Haus des Ehepaares in Kalifornien sah sogar etwas wie diese Schrankwand aus; es war aus farbigen, soliden Wandpaneelen gebaut, die sich mit Fensterwänden in Metallrahmen ablösten.

Richard Slee (geb. 1946) ist einer der bemerkenswertesten lebenden britischen Töpfer. Durch Stücke wie das 1983 gefertigte *Füllhorn* (78) entwickelte er einen sehr individuellen und witzigen Keramikstil. Das Füllhorn war ursprünglich Zeichen vieler tugendhaften Eigenschaften. Slee schuf hier ein fröhliches, sorgloses Wesen mit maritimen Eigenschaften. Die Frische und Brillanz der Farbglasuren, wichtiges Element vieler seiner Werke, beweisen sein technisches Können. Er verwendet Bilder und Symbole, die von keramischen Techniken und kunsthistorischen Quellen abgeleitet sind, um seinen ironischen Kommentar über die vergangene, gegenwärtige und zukünftige Rolle der Keramik in unserer Kultur kundzutun.

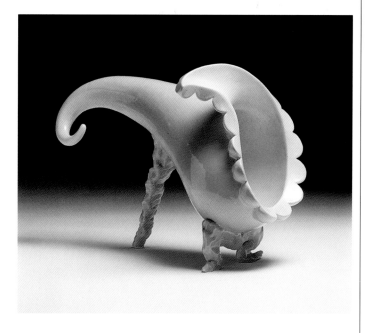

78. *Füllhorn* **von Slee**
20. Jahrhundert,
Raum 72
 C.253-1983

79. Vase von Rie
20. Jahrhundert,
Raum 71
Circ.1226-1967 ▶

Auch die Schöpferin dieser **Vase (79)** war eine sehr kreative Töpferin. Lucie Rie (1902-95) kam 1938 als jüdischer Flüchtling aus dem kultivierten und intellektuellen Kreis von Wien nach London. In Wien hatte sie sich bereits als Töpferin einen Namen gemacht. Viele Jahre lang teilte sie ihr Londoner Studio mit dem deutschen Emigranten Hans Coper, den sie während des Krieges eingestellt hatte, um ihr bei der Herstellung von Keramikanhängern und Schmuck zu helfen. Durch ihr gemeinsames Arbeiten wurden sie zu den grossen Pionieren der britischen Kunsttöpferei. Das Museum verfügt über eine Sammlung von beinahe 40 Keramikarbeiten von Lucie Rie, darunter auch wichtige frühe Werke aus Wien, die von der Künstlerin als Geschenk übergeben wurden. Selbst mit über achtzig Jahren arbeitete Rie noch und experimentierte unterbrochen mit komplizierten Glasuren, die sie auf Vasen, Flaschen und Schalen auftrug. Diese Vase mit ihrem breiten ausgestellten Rand ist einwandfrei als ein Objekt von ihr zu erkennen. Ihr Stil ist elegant, urban, ausdrucksvoll und trägt die Züge der klassischen Moderne.

Die Galerie der Eisenarbeiten

80. Galerie der Eisenarbeiten
◀ Raum 114

Die Galerie der Eisenarbeiten (80) beherbergt die nationale Sammlung dekorativen Schmiede- und Gusseisens. Die Sammlung, die eine der grössten der Welt ist, enthält Stücke aus ganz Europa vom 10. Jahrhundert bis heute. Sie stellt eine äusserst breite Palette aus grossen Stücken für Architektur, bis zu Kaminplatten und Gittern, Kerzenständern, Truhen, Schlössern, Schlüsseln, Keksdosen und Schmuck aus. Zu den Raritäten gehören ein byzantinischer Klappstuhl aus dem 10. Jahrhundert, die Buge zweier venezolanischer Gondeln aus dem 17. Jahrhundert und ein einmaliger Stahlkamin aus Tula in Russland. Darüber hinaus sind hier Fragmente des Lettners der Kathedrale von Hereford zu finden. Er wurde vom Architekten Sir George Gilbert Scott (1811-78) entworfen und zählt zu den grössten Eisenarbeiten der Neogotik im 19. Jahrhundert. Das V&A erwarb ihn 1983, leider in sehr beschädigtem Zustand. Dieses Meisterwerk aus Metall soll jedoch restauriert und als Herzstück der Galerie ausgestellt werden.

Die Eisenarbeiten sind in der längsten unserer Galerien untergebracht, die auch architektonisch sehr interessant ist. Der westliche Flügel mit britischen, französischen und italienischen Eisenarbeiten wurde 1994 eröffnet. Zur Feier dieses Anlasses wurde Albert Paley (geb. 1944) beauftragt, einer der wichtigsten und innovativsten amerikanischen Künstler für Metallarbeiten, eine **schmiedeeiserne Bank (81)** anzufertigen. Sie sollte verschiedene Methoden der Schmiedens vereinen. Der Sitz aus Mahagoni ruht auf einer gewundenen, asymmetrischen Eisenstruktur, ein Stil, für den Paley berühmt ist. Die Bank ist das erste von einer öffentlichen britischen Sammlung gekaufte Werk Paleys.

81. Geschmiedete Bank von Paley
Eisenarbeiten,
Raum 114
▼ M.11-1995

Die Keramikgalerien

**82. Kanne aus
'Medici' Porzellan**
Keramik, Raum 142
◄ 229-1890

Die Keramikgalerien nehmen die ganze obere und einen Teil der nächsten Etage des Museums ein. So viel Platz wird gebraucht, um die bemerkenswerte, mit Abstand umfangreichste Keramiksammlung der Welt auszustellen. Diese **Kanne (82)** gehört zu den grössten Schätzen und ist eine von unseren neun Exemplaren des Medici-Porzellans, von dem überhaupt nur sechzig Stücke erhalten sind. Ihre Herstellung verdankt sie dem Versuch, chinesisches Porzellan zu kopieren, das im 16. Jahrhundert zum ersten Mal über Persien nach Europa kam. Dieses blau-weisse Porzellan war von den reichen Sammlern Europas sehr begehrt, seine Herstellung jedoch ein Geheimnis, das die Chinesen strengstens bewahrten und das bis zur Entwicklung

**83. *Ein Künstler an
seiner Staffelei* von
Picasso**
©*Succession
Picasso/DACS 1996*
Keramik, Raum 137
C.109-1994 ▶

chemischer Analyse auch geheim blieb. Trotzdem war die Möglichkeit dieser Entdeckung eine Herausforderung für Francesco Maria de Medici, Grossherzog der Toskana, für die er sein Geld, gepaart mit Besessenheit einsetzte. Von etwa 1575 an wurde Bernado Buontalenti, des Grossherzogs Universalhandwerker, in den Werkstätten der Boboli Gärten in Florenz bei seinen Experimenten von Mitgliedern der Töpferfamilie Fontana aus Urbino und von 'Levantine' (wahrscheinlich einem Türken) unterstützt. Diese eingewanderten Handwerker hinterliessen ihre Spuren auf dem produzierten 'Porzellan', dessen Formen an die Majoliken aus Urbino erinnern und die Reminiszenzen an Dekorationen auf Keramiken aus China, der Türkei und Italien wachrufen. Das Material war zwar delikat, aber kein echtes Porzellan, sondern bestand aus einer Mischung von damals in Italien erhältlichen Materialien, weiterhin: Ton aus China und Reste venezolanischen Glases. Obwohl dieses Experiment ein Misserfolg war, war es der erste hochinteressante Versuch, Porzellan herzustellen.

Diese ungewöhnliche **Vase (83)** ist das Werk des berühmten Künstlers Pablo Picasso (1881-1973). Er ist jedoch eher als Maler und Bildhauer bekannt, doch machen keramische Objekte in den 50er Jahren einen wichtigen Teil seines Werkes aus. Die Vase wurde um 1954 in der Töpferei von Madoura an der französischen Riviera angefertigt. Picasso besuchte die Töpferei das erste Mal 1946 und arbeitete dort jahrelang für einige Zeit. Picasso entwarf die Form und die Dekoration der Keramiken, die dann für ihn in der Töpferei angefertigt wurden. Die interessante Form dieser Vase, als Vase Aztèque bekannt, lehnt sich an traditionelle südamerikanische Formen an. Dieses einzigartige Werk wurde von Picasso selbst verziert. Das Subjekt *Künstler an seiner Staffelei* war eines seiner Lieblingsthemen, welches in verschiedenen Versionen von Mitte bis Ende der 50er Jahre auftaucht.

Die Glasgalerie

Die Glasgalerie (84) enthält den Grossteil der 8.500 Glasobjekte des Museums und zeigt die Geschichte des Glases von seinen Anfängen im alten Ägypten um 2.500 v. Chr. bis zur heutigen Zeit. Zu den Glanzstücken gehören wichtige Gruppen emaillierten venezolanischen Glases der Renaissance, holländisches Glas mit meisterhaften Tupfengravierungen, radgravierte deutsche Kelchgläser, frühes englisches Bleiglas, englisches Trink- und Tafelglas aus dem 18. und 19. Jahrhundert, prachtvollstes hochviktorianisches Glas, Glas der Arts and Crafts Bewegung und französisches Jugendstil-Glas. Zur Sammlung gehören auch Beispiele zeitgenössischen Glases aus Grossbritannien, Italien, Skandinavien und der ehemaligen Tschechoslowakei. Die Glasbalustrade stammt von dem Künstler Danny Lane (geb. 1955).

Ein besonders rares Objekt ist der berühmte Becher, genannt *The Luck of Edenhall* (85). Gläserne Becher wie dieser sind selten erhalten, daher ist der Erbgang dieses Glases durch viele Generationen der Musgrave Familie von Edenhall, Cumberland, fast wie ein Wunder. Der Sage nach brachte dieser Becher seinem Besitzer bleibenden Wohlstand. Sir William Musgrave schrieb 1791 wie folgt: Die Überlieferung, unser einziger Anhaltspunkt hier, erzählt uns, dass eine Gruppe von Feen um den St. Cuthberts Brunnen tanzte und trank. Als sie aber von ein paar neugierigen Leuten unterbrochen wurden, fürchteten sie sich und liefen eilend davon, wobei sie den Becher

84. Glasgalerie
Raum 131

Die Glasskulptur *Arcus 1* (86) in ihrem eindrucksvollen Blau wurde 1990-1 von Stanislav Libenský (geb. 1921) und Jaraslova Brychtová (geb. 1924) gefertigt. Das tschechoslowakische Ehepaar gehört zu den wenigen grossen Künstlern moderner Glasarbeit. Ihre künstlerische Leistung nahm fast mythische Proportionen an, und ihr Einfluss auf alle anderen Hersteller auf dem Feld monumentaler gegossener Glasskulpturen ist enorm. Weiterhin ist Stanislaw Libenský der liebevoll verehrte und respektierte Lehrer einer ganzen Generation von Glaskünstlern, die selbst international renommiert sind. Als Team vereinen Libenský und Brychtová die Fähigkeit des Bildhauers und die des Glastechnikers und entwickelten eine ihnen eigentümliche Technik. *Arcus 1*, wie alle ihre Werke, entstand unter Zuhilfenahme einer Gipsform. Diese wird mit Stücken rohen Glases gefüllt, dann bis zur Glasschmelze erhitzt, wobei im fertigen Glas die Textur der Gipsform sowie die Folgen der intensiven Hitze erhalten bleiben.

85. *The Luck of Edenhall*
Glas, Raum 131 C.1-1959

86. *Arcus 1* **von Libenský und Brychtová**
Glas, Raum 131
C.4-1993 ▶

zurückliessen. Eine der letzten rief:

> *„Widerfährt diesem Becher Bruch*
> *oder Fall, endet das Glück von Edenhall".*

Der Becher ist ein besonders feines und aussergewöhnlich makelloses Beispiel syrischen Luxusglases des 13. Jahrhunderts. Er fand seinen Weg nach England wahrscheinlich im Gepäck eines heimkehrenden Kreuzritters. Wahrheit und Mythos haben sich vielleicht die Jahrhunderte hindurch vermischt, sicher ist aber, dass wir einwandfrei von Glück sprechen können, dass uns eine derart seltene und schöne Preziöse erhalten blieb.

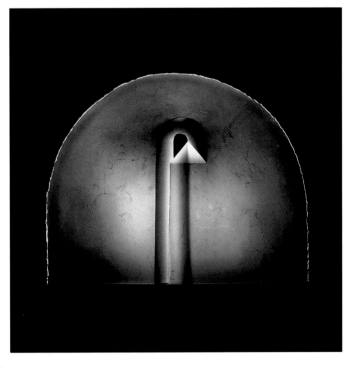

Die Fresken von Leighton

Die Fresken von Leighton wurden 1868 als Mittelpunkt der üppigen Ausstattung des South Court des Museums in Auftrag gegeben. Frederick Leighton (1830-96) ist der Künstler dieser beiden Monumentalwerke, von denen jedes 10,7 Meter breit ist. Er war einer der bedeutenden Persönlichkeiten der spätviktorianischen Kunst. Seine Arbeiten zeigen in hervorragender Technik und intellektueller Brillianz oft erotische Darstellungen des menschlichen Körpers, und es ist bemerkenswert, wie er Entwürfe grossen Ausmasses meistert. Die beiden Fresken, *Die*

Künste der Industrie für den Krieg eingesetzt und ***Die Künste der Industrie für den Frieden eingesetzt*** (**87**), belegen eindrücklich seine künstlerische Leistung. *Krieg*, in Galerie 102, stellt dar, wie Adel und Personen des Hofes eines Stadtstaates der italienischen Renaissance in den Kampf ziehen. *Friede*, hier abgebildet, spielt in einer klassischen Welt der Ordnung und Fülle. Hier wird eine Gruppe reicher, eleganter Frauen bei ihrer Toilette dargestellt, während zu beiden Seiten luxuriöse Teppiche und Geschirr von Kähnen geladen werden.

Die Schmuckgalerie

Das V&A verfügt über eine umfangreiche Sammlung zeitgenössischen Schmucks, darunter Werke vieler der führenden Schmuckkünstler Europas, Amerikas und des Fernen Ostens. In den letzten drei Jahrzehnten veränderte die Einbeziehung neuer Materialien, wie Papier, Akryl und Federn die traditionellen Formen. Diese **Halskette (89)** ist ein Werk der britischen Goldschmiedin Wendy Ramshaw (geb. 1939). Sie hatte bereits in den 60er Jahren einen prägenden Einfluss. Die lineare und geometrische Natur ihrer Werke, beeinflusst durch industrielles Design, und folgt den Prinzipien der Moderne. Sie kombiniert oft wertvolle und weniger wertvolle Materialien, wie bei dieser Halskette, in der Keramikelemente auf starrem Golddraht arrangiert sind. Die Kette entstand 1981-2 in einem gemeinsamen Projekt mit Wedgwood.

88. Der Heneage-Schmuck
Schmuckgalerie,
Raum 92
M.81-1935

89. Halsschmuck von Ramshaw
Schmuckgalerie,
Raum 91
M.81-1982 ▶

Die Schmuckgalerie enthält eine der prächtigsten und umfangreichsten Schmucksammlungen der Welt. Königin Elisabeth I. schenkte den **Heneage-** oder **Armada-Juwel (88)** ihrem Vizekanzler Sir Thomas Heneage. Elizabeth und Heneage tauschten viele Geschenke aus. Sie sagte einmal, wann immer sie einen Ohrring trage, den ihr Sir Thomas geschenkt hatte, höre sie nie ein Wort gegen ihn. Das emaillierte Goldmedaillon ist mit Diamanten und Rubinen besetzt und zeigt das Profil Elisabeths I. in Gold unter Bergkristall. Auf der Rückseite des Medaillons repräsentiert ein emailliertes Schiff die Arche der englischen Kirche, friedlich über die tobenden Wogen gleitend. Im Medaillon befindet sich ein Portrait der Königin von Nicholas Hilliard (1547-1619), dem führenden Miniaturmaler seiner Zeit. Die Entstehung des Juwels wird traditionell mit der Feier des Sieges über die Spanische Armada 1588 in Verbindung gebracht. Das von Hilliard gemalte Kostüm weist jedoch daraufhin, dass es etwas später, vielleicht 1595, gemalt wurde.

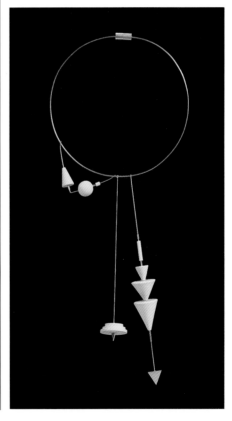

Die Gobelingalerie

90. Detail des Gobelins
Eber-und Bärjagd
Gobelins, Raum 94
T.204-1957

Die vier franco-flämischen Wandteppiche aus Devonshire (90) stammen aus der 1. Hälfte des 15. Jahrhunderts. Sie sind kostbare Raritäten, da nahezu die meisten Wandteppiche aus jener Zeit unwiederbringlich verloren sind. Die monumentalen Teppiche, jeder über 3 Meter breit, stellen vornehme Männer und Frauen in modischer Kleidung des frühen 15. Jahrhunderts bei der Jagd im Walde dar. Die Teppiche gehörten zuvor dem Herzog von Devonshire. Der 6. Herzog berichtet um 1840, dass er seine überzähligen Gobelins dazu benutzte, die Grosse Galerie in Hardwick Hall im Winter zu isolieren, eine Praxis, die diese Wandteppiche vor der Vernichtung bewahrten. Das Detail stammt aus dem Wandteppich mit der *Eber- und Bärjagd*,

um 1420, und stellt Männer mit speziellen Sauspeeren dar, deren Querlatten den angreifenden Eber abwehren, um seinen tödlichen Hauern zu entgehen. Diese Szenen verdanken einen Teils ihres Charme dem ausführlichen Detail der Kostüme. Einer Dame, die unten rechts das Flüsschen überquert, ist 'Monte le Desire' auf ihren wallenden Ärmel geschrieben, der Anfang eines beliebten Liedes dieser Zeit. Da dieser Teppich auf einem horizontalen Webstuhl gearbeitet wurde, ist die Schrift seitenverkehrt dargestellt. Diese Wandteppiche sind nur ein kleiner Teil unserer riesigen Sammlung europäischer und asiatischer Textilien, von denen viele in den **Textilgalerien** ausgestellt sind.

Die Silbergalerie

Die **Silbergalerie** präsentiert unsere bedeutende Sammlung von Silbergerät aus Grossbritannien und dem Kontinent von ungefähr 1300 bis zum heutigen Tag. **Der Mérode-Deckelbecher (91)** wurde in Frankreich oder Burgund um 1400 angefertigt und verdankt seinen Namen einer alten belgischen Familie, in dessen Besitz er sich befand. Der Pokal aus vergoldetem Silber ist mit Vögeln, Früchten und Weinlaub in der Technik der Punktpunzierung verziert. Auf der

Wandung, im Deckel und im Fuss sind Felder durchsichtigen Emails, *Plique à jour* genannt, eingearbeitet. Stellt man in den Becher eine Lichtquelle, erscheint er von aussen, als sei er mit winzigen Buntglasfenstern versehen. Stücke in dieser Emailtechnik kennen wir von den Inventaren, wie zum Beispiel Jean, Duc de Berry, Bruder von Charles V. von Frankreich. Dieser Becher ist allerdings der einzige, der in dieser speziellen Emailtechnik noch erhalten ist.

91. Der Mérode-Deckelbecher
Silbergalerie, Raum 65
403-1872

Gemälde, Zeichnungen, Druckgraphik und Fotografien

Der Henry-Cole-Flügel, nach dem ersten Direktor des Museums benannt, beherbergt unsere Sammlung von Gemälden, Zeichnungen, Druckgraphik und Fotografien. Die Sammlung britischer Ölgemälde geht bis 1867 zurück, als John Sheepshank dem Museum über 200 Ölgemälde und 300 Aquarelle zeitgenössischer Künstler schenkte. Diesem Geschenk folgten weitere Spenden. 1888 schenkte die älteste Tochter John Constables (1776-1837) dem Museum eine grosse Sammlung seiner Gemälde, Skizzen und Aquarelle. Constable war einer der führenden englischen Landschaftsmaler des 19. Jahrhunderts. Die **Mühle von Flatford (92)**, 1815 gemalt, stellt den Bau eines Kahns in einem Trockendock dar. Der Fluss Stour schimmert im Sonnenlicht, während die Arbeiter sich plagen. Das Gemälde zeigt im wesentlichen eine friedliche vorindustrielle Landschaft, die aber durch die vielen Details belebt wird: das kleine blumenpflückende Mädchen rechts, der kleine Hund rechts im Vordergrund, das Werkzeug der Arbeiter über den Boden verstreut und die Kühe in der Ferne. Constable soll gesagt haben, er habe *Flatford-Mühle* ganz im Freien gemalt. Wenn das der Fall ist, wäre dies das einzige Ölgemälde, das er direkt von der Natur abgemalt hat.

92. *Flatford-Mühle* von Constable
Constable, Henry-Cole-Flügel, Geschoss 6
FA.27 ▲

93. *Entwurf eines Parktors* von Chambers
Graphisches Kabinett, Henry-Cole-Flügel, Geschoss 5
3415 ▲▶

94. *Die Schlittschuhläufer* von Dufy
©DACS 1996
Graphisches Kabinett, Henry-Cole-Flügel, Geschoss 5 E.1028-1977 ▶

Da Licht Werke aus Papier bleicht und
verdirbt, können diese nicht ständig aus-
gestellt werden. Zusätzlich zu den stets wech-
selnden Ausstellungsstücken stehen jedoch im
Graphischen Kabinett im 5. Geschoss des
Henry-Cole-Flügels fast eine Million weiterer
Objekte zur Verfügung, darunter Entwürfe,
Aquarelle, Zeichnungen, Fotografien, Drucke,
Tapeten, Poster, Glückwunschkarten und
Modezeichnungen. Das Graphische Kabinett ist
ohne Voranmeldung zugänglich. Die in diesem
Führer beschriebenen Objekte werden in
speziellen Boxen aufbewahrt. Unser Personal
ist Ihnen gern behilflich, wenn Sie sich etwas
ansehen wollen. Das Graphische Kabinett
enthält über 70.000 Architekturzeichnungen,
darunter Entwürfe von Sir William Chambers
(1723-96). *Der Entwurf eines Parktors* (**93**), in
Feder, Tinte und Wasserfarben, zeigt den

Aufriss eines Triumphbogens vor einer
Landschaft. Chambers wurde in Göteborg,
Schweden, als Sohn eines schottischen
Kaufmanns geboren. Er widmete sich dem
Studium der Architektur, zuerst 1749 in Paris
und von 1750 an in Italien. Als er sich 1755 in
England niederliess, hatte er sofort Erfolg und
wurde 1756 zum Architekturlehrer des Prinzen
von Wales. Chambers fand besondere Inspiration
in der Architektur der griechischen und römischen Antike. Dieser Entwurf von 1758 vermittelt seinen gebildeten Geschmack und seine
Aufmerksamkeit für Details.

Raoul Dufys (1877-1953) Entwurf für einen
Seidendruck *Die Schlittschuhläufer* (**94**) ist
nur ein Beispiel einer grossen und vielseitigen
Sammlung von Stoffdesigns, die im Graphischen
Kabinett studiert werden kann. Die Werke dieses
französischen Künstlers sind durch einfache
Formen und satte Farben gekennzeichnet. Im
Alter von Anfang dreissig traf Dufy den franzö-
sischen Modeschöpfer Paul Poiret (1879-1944),
der sein Interesse für Stoffdesign erweckte. Die
Schlittschuhläufer wurde wohl zwischen 1914
und 1920 für den Lyoner Seidenhersteller
Bianchini-Ferier entworfen, für den Dufy von
1912 an arbeitete. Das Design zeugt nicht nur
von seiner charakteristischen Vorliebe für Sport
sondern auch von der unverwechselbaren
Kombination aus Umrissen und reinen
Farbflächen.

95. *Feeling more snowy*
behind the ears than ever he
had before **von Shepard**
Graphisches Kabinett,
Henry-Cole-Flügel,
Geschoss 5
E.649-1973

96. *Skinhead* **von**
Killip
Graphisches Kabinett,
Henry-Cole-Flügel,
Geschoss 5
852-1978

Winnie-the-Pooh (Pooh der Bär) ist wohl eine der beliebtesten Figuren in der Geschichte der Kinderliteratur. Mehr als 270 der von Ernest Howard Shepard (1879-1976) für A. A. Milnes Bücher angefertigten Illustrationen sind im Graphischen Kabinett zu finden. Feeling more snowy behind the ears than ever he had before *Seine Ohren waren so kalt wie niemals zuvor* (95) stammt aus dem 1. Kapitel des 1928 veröffentlichten The House at Pooh Corner (Das Haus an Pooh's Ecke).

Das V&A war das erste Museum in Grossbritannien, das Fotografien sammelte. Die Sammlungen umfassen inzwischen über 300.000 Exemplare. *Jarrow-Skinhead* (96) ist eines der bekanntesten Bilder des britischen Fotografen Chris Killip (geb. 1946). Er wohnte in den 70er und 80er Jahren in Nordostengland, wo auch dieses Bild aufgenommen wurde. Das Foto wurde 1976 gemacht, als Skinheads die Jugendkultur zu dominieren versuchten. Killip arbeitet normalerweise mit einer grossen Kamera, so dass er seine Objekte mit absoluter Klarheit darstellen kann. Er schuf hier ein Bild, das Verletzbarkeit und Auflehnung zugleich symbolisiert. Weitere Photos von Killip sind im Graphischen Kabinett zu sehen.

Die Sammlung des V&A von Ölgemälden, Aquarellen und Zeichnungen erfuhr 1900 durch den Nachlass von Constantine Alexander Ionides (1833-1900), eines griechischen Tuchhändlers und Börsenmaklers, eine deutliche Bereicherung. Geschoss 4 des Henry-Cole-Flügels beherbergt eine grosse Gruppe von Gemälden aus seiner Sammlung. Viele davon sind französisch, doch war Ionides ausserdem Patron britischer Künstler, zu denen auch Edward Coley Burne-Jones (1833-98) gehörte. 1870 beauftragte Ionides Burne-Jones, *Die Mühle* (97) zu malen. Das Gemälde zeigt drei tanzende junge Frauen an einem Fluss. Im Hintergrund sind *die Mühle* und ein paar nackte Männergestalten beim Baden zu sehen. Aglaia Coronio, Ionides Schwester, stand Modell für eine der drei Frauen. Eines der anderen beiden Modelle, Maria Zambaco, war seine Geliebte, während Marie Spartali eine Künstlerin war. Die Mühle ist in einem malerischen Stil gehalten und vermittelt ein Gefühl verträumten Zaubers.

Das V&A Museum verfügt wahrscheinlich über die weltweit bedeutendste Sammlung britischer Miniaturen. Das Portrait von **Jane Small (98)** stammt von Hans Holbein (1497-1543), dem ersten Künstler, der diese Kunst zur Vervollkommnung brachte. Holbein war bereits ein international anerkannter Künstler, als er 1532 aufgrund religiöser Unruhen in Basel aus der Schweiz nach England kam. Er fand hier Erfolg und Anerkennung und wurde 1535 Hofmaler Heinrichs VIII. Diese Position hielt er bis zu seinem Tode. Während dieser Zeit in England war es, dass Holbein das Malen 'in Miniatur' verfeinerte. Dieser Begriff bezog sich ursprünglich nicht auf die Grösse des Bildes, sondern auf die Art der Pigmente. Die aussergewöhnliche Technik, mit Wasserfarben auf Pergament, hergestellt aus Kalbshaut, zu malen, hat ihren Ursprung in der Buchmalerei. Jane Small war die Ehefrau eines wohlhabenden Tuchhändlers in Londons City. Es war recht ungewöhnlich für Holbein, eine Dame ausserhalb des Königshofes zu malen. Sie ist als einfach gekleidete junge Frau, der lateinischen Inschrift nach, im Alter von 23 Jahren dargestellt. Das Blatt und die rote Nelke am Hals könnten als Anspielung auf eine Verlobung angesehen werden. Die Miniatur ist ein Beispiel für die meisterhafte Wiedergabe des Charakters der Dargestellten.

97. *Die Mühle* von Burne-Jones
Gemälde, Henry-Cole-Flügel, Geschoss 4
CAI.8

98. *Jane Small* von Holbein
Sammlung der Porträtminiaturen, Henry-Cole-Flügel, Geschoss 4
P.40-1934

Der holländische Künstler Rembrandt van Rijn (1606-69) nimmt eine hervorragende Stelle der Geschichte der Graphik und der Malerei ein. Radierungen wie die *Madonna mit Kind und einer Katze* (**99**), 1654, repräsentieren den absoluten Höhepunkt der Graphik als kreative Kunstform und setzten einen Standard, dem alle anderen nachzueifern versuchten. Generationen von Radierern haben sich von Rembrandt Inspiration erhofft. Das V&A hat das Glück, nicht nur eines der frühesten Abdrucke dieser Radierung in seiner Sammlung zu haben, sondern auch die Druckplatte. Dieser seltene Fall hilft nicht nur, das Verfahren der Radierungen, sondern auch die Arbeitsweisen eines der berühmtesten Vertreter dieser Materie zu verstehen. Druck und Druckplatte gehören zu den Höhepunkten des Graphischen Kabinetts.

Obwohl im Henry-Cole-Flügel in erster Linie Gemälde, Zeichnungen und Druckgraphik zu finden sind, ist eine Galerie dem Werk des grössten amerikanischen Architekten Frank Lloyd Wright (1885-1955) gewidmet. Da er nicht in Europa tätig war, ist dieses **Büro für Edgar J. Kaufmann (100)** das einzige Beispiel seines Wirkens, das seinen Weg diesseits des Atlantik gefunden hat. Das Büro wurde 1935-7 für den Inhaber eines Kaufhauses in Pittsburgh entworfen und dem Museum von dessen Sohn übergeben. Wright entwarf jedes Detail des Raumes selbst, um eine einheitliche und harmonische Wirkung zu erzielen. Erstaunlicherweise verwehrten die festen Jalousien an den

Fenstern Edgar Kaufmann den Blick nach aussen, dennoch benutzte er das Büro beinahe zwanzig Jahre lang.

Praktische Informationen

VICTORIA AND ALBERT MUSEUM
Cromwell Road, London SW7 2RL
Telefon: 0171-938 8500

INFORMATIONEN AUF BAND
Allgemeine, einschliesslich
Feiertagsöffnungszeiten: 0171-938 8441
Laufende Ausstellungen: 0171-938 8349
Spezielle Auskünfte, sowie
Feiertagsöffnungszeiten: 0171-938 8676

ÖFFNUNGSZEITEN
Montag: 12.00 bis 17.50 Uhr
Dienstag bis Sonntag: 10.00 bis 17.50 Uhr
Mittwoch: langer Abend: 18.30 bis 21.30 Uhr
(saisonbedingt);
Kasse: 0171-938 8407

INFORMATIONSTAND
Unsere Mitarbeiter beraten Sie gern bei allge-
meinen Anfragen über die Sammlungen oder die
sonstigen Leistungen des Museums.

FÜHRUNGEN
Kostenlose einführende Rundgänge (Dauer ca. 1
Stunde) werden jeden Tag veranstaltet. Sie begin-
nen am Eingang in der 'Cromwell Road'.

GRAPHISCHES KABINETT (PRINT ROOM)
Öffnungszeiten: Dienstag bis Freitag: 10.00 bis
16.30 Uhr; Samstag: 10.00 bis 13.00 Uhr, 14.30
bis 16.30 Uhr

DIE NATIONAL ART LIBRARY
Öffnungszeiten: Dienstag bis Samstag: 10.00 bis
17.00 Uhr
Auskunft während der Öffnungszeiten:
0171-938 8315

GUTACHTER-SERVICE
Kostenlose Gutachten von Kunstwerken:
jeden Dienstag von 14.30 bis 16.30 Uhr

DAS RESTAURANT
Öffnungszeiten: Montag: 12.00 bis 17.00 Uhr
Dienstag bis Sonntag: 10.00 bis 17.00 Uhr
Mittwoch (langer Abend): 18.30 bis 21.30 Uhr
(Letzter Einlass um 21.00)
Sonntag - Brunch: von 11.00 bis 15.00 Uhr mit
Live-Jazzmusik

SOUVENIRLÄDEN
Öffnungszeiten: Montag: 12.00 bis 17.30 Uhr;
Dienstag bis Sonntag: 10.00 bis 17.30 Uhr
Die Geschäfte führen ein ausgezeichnetes
Sortiment an Büchern, Karten und Geschenken.

FREUNDE DES V&A
Die Freunde unterstützen das Museum sowohl
mit freiwilliger Arbeit als auch finanziell. Sie
erhalten Rabatte in den Museumsgeschäften, dem
Restaurant und für V&A Kurse; ausserdem
haben sie kostenlosen Zutritt zu Ausstellungen
und Sonderveranstaltungen. Weitere Einzelheiten
erhalten Sie am Mitgliedsstand oder per Telefon
unter 0171-589 4040.

AUTOREN:
Michael Archer, Tim Barringer, Clare Browne,
Marian Campbell, Katherine Coombs,
Diane Bilbey, Rosemary Crill, Judith Crouch,
Amy de la Haye, Ann Eatwell,
Richard Edgcumbe, Peta Evelyn,
Sharon Fermor, Philippa Glanville,
Alun Graves, John Guy, Avril Hart,
Mark Haworth-Booth, Wendy Hefford,
Robin Hildyard, Reino Liefkes,
Karen Livingstone, Valerie Mendes,
Rosemary Miles, Elizabeth Miller,
Tessa Murdoch, Anthony North, Jennifer Opie,
Graham Parlett, Clare Phillips, Pippa Shirley,
Christine Smith, Cathryn Spence,
James Stevenson, Susan Stronge,
Deborah Swallow, Emma Taylor,
Angel Thurgood, Madeleine Tilley,
Margaret Timmers, Ian Thomas,
Eleanor Townsend, Marjorie Trusted,
Eric Turner, Rowan Watson, Jennifer Wearden,
Liz Wilkinson, Gareth Williams,
Linda Woolley, Hilary Young

Erstveröffentlichung: The Victoria and Albert
Museum, 1996
© 1996 The Board of Trustees of the Victoria
and Albert Museum

ISBN 1 85177 186 7
Entwurf: Harry Green
Printed in Italy